MOTIVACIÓN, PRUE
Y DECISIÓN JUDICIA

César Augusto Higa Silva

Motivación, prueba y decisión judicial

César Augusto Higa Silva
Profesor de la Facultad de Derecho
Pontificia Universidad Católica del Perú

Motivación, prueba y decisión judicial

ARA Editores
Ediciones Olejnik

1ª edición

© ARA Editores E.I.R.L.
Géminis 701 Dpto. 301-B Lima 39 - Perú
Teléfono: (0051) 940933126
E-mail: araeditores@yahoo.com

© Ediciones Olejnik
Huérfanos 611, Santiago-Chile
E-mail: contacto@edicionesolejnik.com
Web site: http://www.edicionesolejnik.com

ISBN: 978-956-407-265-4

Diseño de Carátula: Rolando Bartolo Mesías
Diagramación: Luis A. Sierra Cárdenas

Impreso en Argentina 2022 Printed in Argentina

Índice

Capítulo 2
Hacia un esquema de razonamiento y herramientas que permitan justificar los hechos de un caso

Resumen ejecutivo

En el presente trabajo se sustenta que nuestro ordenamiento jurídico tiene una concepción democrática y racionalista de la función judicial. Democrática porque establece que la potestad de administrar justicia emana del pueblo y el Poder Judicial es el órgano encargado de ejercer esa potestad. Racional porque el Juez está obligado a justificar por qué a ciertos hechos le corresponden ciertas consecuencias jurídicas, lo cual presupone que es posible justificar, en razones objetivas, lo siguiente: (i) si los hechos alegados por las partes ocurrieron o no (la cuestión fáctica); y, (ii) cuál es el Derecho aplicable en función a los hechos probados (la cuestión jurídica).

A partir de lo anterior, la obra defiende la necesidad que exista una metodología que oriente a los jueces respecto de cómo se debe justificar la cuestión fáctica de una decisión (este es el objeto del trabajo). Ello, en tanto los operadores jurídicos tienen, entre otras cosas, limitaciones como sesgos, prejuicios y atención que restringen el análisis y evaluación que se pueda realizar de la evidencia e hipótesis de un caso. De igual manera, la evidencia de un caso puede ser abundante (o en algunos casos insuficiente), contradictoria, disonante y ambigua, lo cual hace laborioso y complejo el análisis de dicha evidencia. Por estas razones, se sostiene que es necesario tener una guía que permita orientar la actividad de los jueces al analizar y evaluar la evidencia de un caso.

En ese sentido, el primer objetivo de nuestro trabajo consiste en defender la necesidad de una metodología para el análisis y evaluación de la evidencia de un caso que le facilite a los jueces esta tarea. El segundo objetivo es mostrar la utilidad de nuestra propuesta metodológica para lograr tal objetivo. Lo esencial de nuestra propuesta se encuentra en defender la importancia de una metodología; sin perjuicio de ello, creemos que la metodología defendida le facilita a los jueces la labor de análisis y evaluación de la evidencia de un caso.

Glosario de términos

Este glosario de términos tiene como objetivo definir los distintos conceptos que se utilizarán en la investigación, a efectos de evitar equívocos en su interpretación.

1. **Admisibilidad de un MP:** un MP será admisible si es que éste puede brindar información sobre lo que es materia de discusión en el proceso.

2. **Credibilidad de un MP:** un MP será creíble si es que éste puede garantizar la verdad del hecho para el cual fue ofrecido.

3. **Hipótesis (H):** es el enunciado que versa sobre un hecho determinado que se encuentra en disputa en el proceso. Para tal efecto, las partes ofrecerán evidencia que permita acreditar la ocurrencia de la hipótesis; o, por el contrario, se encargarán de ofrecer evidencia que niegue su ocurrencia.

4. **Medio probatorio (MP):** es el instrumento por el cual se pretende acreditar la verdad o falsedad de una determinada proposición fáctica.

5. **Metodología:** se entenderá el conjunto de pasos y criterios que se deben tener en cuenta al analizar y evaluar los argumentos fácticos ofrecidos por las partes para sustentar su pretensión. Para efectos de la investigación, se tendrá por sinónimos los términos metodología y método.

   Sin perjuicio de ello, se debe indicar que, en algunos casos, si conviene diferenciar entre metodología y método. Por metodología se entiende la disciplina encargada de estudiar sobre cuáles deben ser los criterios para garantizar la confiabilidad de utilizar ciertos pasos y criterios para conocer un determinado evento de la realidad; mientras que por método se entiende los pasos y criterios concretos que se utilizarán para conocer algo.

6. **Proposición fáctica (PF):** es el enunciado que versa sobre la descripción de un hecho de la realidad.

7. **Principio de relevancia:** una proposición es relevante en el contexto del proceso si ésta tiene relación con lo que es objeto de debate y, además, puede cambiar el resultado de la discusión. La proposición es relevante positivamente si es que permite justificar la verdad de la hipótesis, mientras que será negativa si es que niega su verdad.

8. **Justificación:** se entenderá como el conjunto de razones que se ofrecen para sustentar la verdad de una determinada hipótesis. Para efectos de esta investigación, se tratará como sinónimos los términos justificación y motivación.

Introducción

El artículo 138 de la Constitución Política del Perú establece que la potestad de administrar justicia emana del pueblo y se ejerce por el Poder Judicial a través de sus órganos jerárquicos con arreglo a la Constitución y a las leyes. Para ejercer esta potestad [de juzgar], el numeral 5 del artículo 139 de la Constitución Política del Perú establece que es un «principio y derecho [en rigor, un deber] de la función jurisdiccional la motivación escrita de las resoluciones judiciales en todas las instancias, excepto los decretos de mero trámite, con mención expresa de la ley aplicable y de los fundamentos de hecho en que se sustentan»[1].

En nuestro Estado constitucional, nadie discutiría que los jueces deben justificar su decisión porque ello garantiza el control de las decisiones judiciales por las partes y la ciudadanía. Tampoco se negaría que el deber de justificación del Juez, al menos en la cuestión fáctica, consiste en que la motivación sea lógica (justificación interna) y verdadera (justificación externa). Por lógica se entiende que la conclusión se infiere de las premisas que aparecen en la argumentación; y por verdadera que las premisas tienen correspondencia con la realidad, lo cual se acreditaría con

---

[1] Igualmente, el artículo 8 numeral 2 de la Convención Americana sobre Derechos Humanos establece que «toda persona inculpada de delito tiene derecho a que se presuma su inocencia mientras no se establezca legalmente su culpabilidad».
También ver Taruffo, Michele, *La motivación de la sentencia civil*, trad. Lorenzo Córdova Vianello, Tribunal Electoral del Poder Judicial de la Federación, México, 2006, pp. 303 y ss.

los medios probatorios ofrecidos en el caso. En cuestiones normativas, la justificación de la norma aplicable debe ser acorde con la Constitución y las leyes vigentes en nuestro país.

A partir de lo señalado, se puede sostener que nuestro ordenamiento jurídico tiene una concepción democrática y racionalista de la función judicial. **Democrática** porque establece que la potestad de administrar justicia emana del pueblo y el Poder Judicial es un delegado de esa potestad. **Racional** porque el Juez está obligado a justificar por qué a ciertos hechos le corresponde ciertas consecuencias jurídicas, lo cual presupone que es posible reconocer lo siguiente: (i) si los hechos alegados por las partes ocurrieron o no; y, (ii) cuál es el Derecho aplicable en función a los hechos probados.

Detrás de la concepción racionalista de la función judicial hay cuestiones filosóficas de índoles ontológicas, epistemológicas y metodológicas que son necesarias afrontar si es que se desea defender que la motivación de la decisión judicial puede ser calificada como tal, esto es, que las razones ofrecidas por el Juez para justificar su decisión pueden ser controladas objetivamente (o, al menos, intersubjetivamente) por las partes y la sociedad.

Así, cuando el Juez afirma que «un evento ocurrió o no ocurrió» (en adelante, el símbolo «H» significará «la Hipótesis planteada por el demandante se encuentra probada») es porque el Juez ha realizado, al menos, lo siguiente:

a) ha analizado y evaluado cada uno de los medios probatorios (en adelante, «MP» significará los «medios probatorios») ofrecidos y actuados en el proceso para acreditar los hechos[2] (en adelante, el símbolo «h» significará el «hecho probado») que permitirán inferir que «H»; y,

b) ha analizado que las reglas generales fácticas le permitan justificar que «H». En caso contrario, resolverá que no «H»[3]. Estas reglas generales deben ser enunciados

2 Por el término hecho se hace referencia a las proposiciones fácticas.

3 Por la negación de «H» (¬«H») se entenderá lo siguiente: «no existe evidencia suficiente en el expediente que permita justificar que «H»».

generales que versen sobre cómo funciona el mundo y, por tanto, le deben permitir justificar que los «h» permiten inferir que «H».

Como bien puede observarse, la labor justificativa del Juez de que «H» es una actividad, principalmente, epistemológica, lo cual expresa lo dicho varios siglos atrás por BENTHAM respecto de que «el campo de la evidencia[4] [Derecho de la Evidencia] no es otro que el campo del conocimiento»[5]. Incluso se podría afirmar, como señala Michael PARDO, que todo el juicio debe ser, fundamentalmente, un evento epistemológico[6], porque es una actividad destinada a conocer qué ocurrió en un momento y lugar determinado. Lo anterior implicará que los Jueces sepan qué pasos deben seguir para analizar los medios probatorios y los hechos probados de un caso; tengan criterios acerca de cómo se conoce que «H»; cuáles son los límites del conocimiento de «H»; con qué grados de confianza se puede afirmar que se conoce que «H»; entre otros aspectos relevantes para analizarla solidez de los argumentos de las partes.

---

4 En nuestro sistema sería el campo del Derecho probatorio o, con mayor rigor, el Derecho de la evidencia.

5 BENTHAM, Jeremy, «An introductory View of the Rationale of Judicial Evidence», Works VI (5) (1843) (John Bowring ed.; 2002) consultado en http://files.libertyfund.org/files/1923/Bentham_0872-06_EBk_v6.0.pdf el 25 de agosto de 2013. Esta cita también se encuentra en PARDO, Michael, «The Field of Evidence and the Field of Knowledge», *Law and Philosophy* (2005), 24: 325. En un sentido similar, se puede revisar LAUDAN, Larry, Prólogo al libro de FERRER, Jordi, *La valoración racional de la prueba*, Marcial Pons, Madrid, 2007, pp. 15 y 16. También BAYÓN, Juan Carlos, «Epistemología, Moral y prueba de los hechos: hacia un enfoque no benthamiano», *Revista Jurídica Mario Alario D´Filippo*, vol. 2, núm. 4, p. 8. Por su parte, en «La prueba es libertad, pero no tanto: una teoría de la prueba cuasi-benthamiana», Jordi FERRER señala que si bien asume algunos de los criterios racionalistas de BENTHAM, el Derecho también tiene que regular algunos aspectos sobre la valoración de la prueba. Estos dos últimos autores reconocen la importancia de la epistemología para analizar y evaluar la evidencia de un caso; sin embargo, hay aspectos tales como el peso que se les dará a las pruebas y el estándar de decisión que no responden a criterios epistemológicos, sino que tienen que ser resueltos por criterios morales. En este punto compartimos la posición de estos autores.

6 PARDO, Michael, «The Field of Evidence and the Field of Knowledge», *Law and Philosophy* (2005), 24: 321.

De acuerdo a lo anterior, se aprecia que nuestro ordenamiento jurídico ha impuesto el deber de justificar una decisión, mas no establece **cómo** se debe realizar ese proceso de justificación de la decisión, tanto a nivel de la secuencia que se debe seguir en este proceso como de los criterios que se deben tener en cuenta en el análisis y evaluación de la evidencia[7]. En otras palabras, no se ha establecido una metodología de análisis y evaluación de la evidencia de un caso. Se podría argumentar que ello no es necesario por lo siguiente:

(i) los jueces están entrenados para trabajar con las dificultades y complejidades propias que tiene el material probatorio de un caso. Entre los aspectos que pueden dificultar el análisis del material probatorio se puede encontrar su abundancia; ambigüedad; disonancia y complejidad[8];

(ii) los jueces tienen la competencia epistemológica suficiente para analizar y evaluar la evidencia de un caso; y,

(iii) los jueces están entrenados para superar las limitaciones cognitivas que tiene cualquier ser humano al analizar, evaluar y decidir cuál de los argumentos de las partes es el correcto.

Como se verá en el desarrollo de la investigación, las razones arriba mencionadas son falsas si es que se asume que los jueces se encuentran, por el hecho de su cargo o de su formación como abogados, preparados para realizar cada una de las tareas antes señaladas. Para que los jueces analicen y evalúen correctamente la evidencia de un caso es necesario que cuenten con lo siguiente:

---

7 Esta es una de las subhipótesis que serán objeto de desarrollo en esta investigación.

8 Al respecto, ver el trabajo de SCHUM, David, *The Evidential Foundations of Probabilistic Reasoning*, John Willey & Sons, 1994, pp. 1 y ss. También ver: TECUCI, G. / BOICU, M. / SCHUM, D. / MARCU, D., «Coping with the Complexity of Intelligence Analysis: Cognitive Assistants for Evidence-Based Reasoning», *Research Report 7*, Learning Agents Center, August 2009, updated October 2009, March 2010, 45 pp.

(i.a) un método que les permita clasificar y sintetizar el material probatorio[9] de un caso, que les permita lidiar con la abundancia (o, en otros casos, insuficiencia), ambigüedad, disonancia y complejidad. De esa manera, el Juez podrá realizar un mejor análisis, comprensión y evaluación del material probatorio[10];

(ii.b) criterios que les permitan analizar y evaluar cuándo el contenido de un determinado medio probatorio se puede tener por cierto.

(iii.c) criterios que le indiquen qué se puede inferir de los hechos probados y con qué grado de solidez.

(iii.d) herramientas que permitan visualizar, comparar y evaluar las distintas hipótesis que se encuentran en controversia en un caso, que le faciliten su labor de análisis y evaluación de los argumentos de las partes.

Si es que no existe lo anterior, la labor justificativa del Juez o será muy difícil o, simplemente, imposible. Ciertamente, no se niega que algunos Jueces tengan el talento para desarrollar una metodología propia; pero ellos serán la excepción y una política pública no se diseña a partir de la excepción, sino de la generalidad de casos.

Esta investigación tiene como objeto desarrollar una metodología que le permita al juez cumplir con su deber de justificación de la cuestión fáctica de la resolución que deba emitir al resolver un caso. Esta metodología consistirá en mostrar qué pasos y criterios debe tener en cuenta el Juez al analizar y evaluar los argumentos fácticos ofrecidos por las partes para sustentar su pretensión.

Para defender la importancia del desarrollo de una metodología de análisis y evaluación de los hechos de un caso, se seguirá el siguiente esquema argumentativo:

---

9 Dentro del material probatorio se encuentran incluidos los medios probatorios y la evidencia resultante de su análisis.

10 Al respecto, ver los trabajos citados en la nota a pie 32.

(i) **Una defensa realista de la realidad:** se justificará que existe una realidad independiente de los seres humanos, cuyo conocimiento es posible o, en todo caso, debemos aspirar a conocer.

(ii) **Se mostrará la complejidad que tiene el análisis de la evidencia de un caso** y la capacidad racional y epistémica del Juez para realizar esa tarea.

(iii) **La importancia de una metodología de análisis de la cuestión fáctica:** una metodología de trabajo permite ordenar nuestro pensamiento; el autocontrol de nuestro razonamiento; el control intersubjetivo y a la creatividad controlada sobre qué hipótesis podrían explicar lo ocurrido.

El enfoque bajo el cual se desarrollará el objeto de la investigación será teórico y prescriptivo por las siguientes razones:

a) **Teórico:** porque se planteará un modelo que trate de representar los pasos y criterios que se deben tener en cuenta al resolver la cuestión fáctica. La utilidad de este modelo teórico se podrá medir en tanto capture los pasos y criterios que deben guiar al Juez al justificar qué hechos se encuentran probados y qué se pueden inferir de éstos[11]. De esta manera, se permitirá evaluar si el modelo permite resolver las problemas a los que se enfrenta en el Juez cuando un analiza la cuestión fáctica. Si el modelo no sirve para resolver esos problemas, entonces el modelo tiene que ser abandonado por falta de correlato con la realidad. Es la teoría la que tiene adecuarse a la realidad, y no viceversa.

   Asimismo, en la construcción de este modelo se esbozarán una serie de distinciones que permitan clarificar el uso de conceptos, tales como medios probatorios, hechos e hipótesis. En la doctrina y la jurisprudencia se utiliza estos conceptos para referirse a muy diversas actividades que

[11] COMANDUCCI, Paolo, *Razonamiento jurídico. Elementos para un modelo*, Distribuciones Fontamara, México, D.F., 1999, p. 80.

están presentes en el análisis de la cuestión fáctica de un caso. Este uso poco claro de los conceptos dificulta el análisis que debe realizar la autoridad sobre la cuestión fáctica, lo cual se mostrará tiene consecuencias prácticas negativas para el análisis de los medios probatorios y los hechos del caso.

Esta clarificación conceptual tendrá valor en tanto permita saber, con precisión, qué operaciones mentales se están realizando cuando se analiza la cuestión fáctica de un caso.

b) **Prescriptivo:** porque se ofrecerán razones de por qué una metodología de análisis y evaluación de los hechos de un caso resulta clave para el Juez al justificar su decisión, y se sostendrá que la metodología propuesta podría cumplir ese papel. Si bien no se sostiene que éste sea el único modelo posible para analizar y evaluar si las hipótesis planteada por las partes se encuentran o no probadas, si se argumentará, al menos, que es necesario un método que permita realizar esa tarea[12].

Hay varias formas de evaluar un modelo prescriptivo. Entre estos criterios se encuentra su funcionalidad, capacidad explicativa y simplicidad. El modelo tiene que servir para el objetivo para el cual fue creado. También tiene que explicar todos o la mayor cantidad de elementos involucrados en el objeto de estudio. Finalmente, se podrá comparar su simplicidad frente a otros modelos para explicar el mismo objeto de estudio.

Estos son algunos criterios bajo los cuales se podrá evaluar el modelo que se propone en el presente trabajo tanto en sí mismo como en comparación con otros modelos que traten de proponer lo mismo.

Esta investigación constará de tres capítulos. Tal como ya he adelantado, en el capítulo 2 se desarrollará el objeto central de la investigación. Los capítulos 1 y 3 versarán sobre lo siguiente:

---

[12] *Ibidem*, p. 79.

(i) En el Capítulo 1 se analizará el deber de motivación de las resoluciones judiciales y su configuración en el ordenamiento jurídico peruano. Para ello, se seguirá el siguiente esquema:

1.1. Antecedentes históricos sobre el deber de motivar la decisión judicial sobre un caso.

En esta sección se estudiará cuáles fueron las condicionantes históricas - políticas que determinaron cómo se fue configurando el deber de motivar la decisión judicial en el tiempo.

1.2. El deber de motivar la decisión judicial en el Estado constitucional.

En esta sección se analizará las principales concepciones que se han desarrollado en la doctrina sobre el deber de motivar la decisión judicial y cuál sería la concepción correcta en el Estado constitucional.

1.3. Análisis de si existe una metodología que guíe al Juez para justificar su decisión.

En esta sección se analizará si existe una metodología que oriente al Juez cómo motivar la decisión que adopte al resolver un caso.

Luego de este recorrido, se llegará a la conclusión de que nuestro ordenamiento establece que el Juez debe motivar racionalmente su decisión sobre un caso. Para que esta actividad sea debidamente realizada es necesario que el Juez cuente con un método que le permita analizar, evaluar y determinar la corrección y verdad de los argumentos de las partes. Este método permitirá, a su vez, que las partes y la ciudadanía puedan controlar la argumentación del Juez. Sin embargo, se mostrará que, en nuestro ordenamiento jurídico, no se prescribe un método que permita evaluar el razonamiento del juez cuando resuelve un caso.

Es en razón de lo anterior que en el capítulo 2 se desarrollarán tanto los argumentos que demuestren la necesidad de una metodología (ontológicos, epistemológicos y, sobre todo, metodológicos) como por qué nuestra propuesta podría llenar el vacío metodológico que existe sobre cómo justificar la cuestión fáctica de un caso en nuestro ordenamiento jurídico.

(ii) En el capítulo 3 se mostrará cómo funciona nuestra propuesta metodológica a partir de dos casos reales, lo cual permitirá evaluar, creemos, los siguientes aspectos principales de nuestra propuesta:

a) La practicidad de la metodología para analizar y evaluar la cuestión fáctica de un caso. Ello, porque que pretendemos ofrecer una metodología que le sirva al Juez en su labor justificativa; y,

b) La controlabilidad de la justificación del Juez por las partes y la ciudadanía sobre los pasos y criterios que se han seguido para justificar la decisión del caso.

Finalmente, debe indicarse las limitaciones que tiene la presente investigación. En primer lugar, en este trabajo no se desarrollará la cuestión normativa de la decisión judicial. En segundo lugar, dado que nuestra propuesta es metodológica, no se ha ingresado a analizar cada uno de los criterios que se debe tener en cuenta en cada fase del análisis y evaluación de la evidencia de un caso. Ello sería inabordable en esta investigación, puesto que identificar cuáles son los criterios para evaluar cada medio probatorio y cuáles los criterios para determinar qué se puede inferir de un hecho nos llevaría a una discusión extensa sobre cada uno de puntos.

Capítulo 1

El deber de justificar la cuestión fáctica de un caso en el ordenamiento jurídico peruano

"[El peculiar método de decisión del juez Bridoye], que explica, en el relato de Rabelais, su peculiar método de decisión: «Una vez que he visto, revisto, leído, releído, papeleado y hojeado las demandas, comparecencias, exhortos, alegatos, (...) coloco sobre el extremo de la mesa de mi despacho todo el montón de papeles del demandante y le tiro los dados (...). Una vez hecho esto, pongo sobre el otro extremo de la mesa los papeles del demandado (...), al mismo tiempo que tiro también los dados. (...) La sentencia es dictada a favor de aquel que primero consiguió el número más favorable en el dado judicial, tribunalicio y pretorial»" (RABELAIS, F., *Pantagruel, Libro Segundo* [1521], en ID., *Gargantúa y Pantagruel*, El Ateneo, Buenos Aires, 1956, p. 501)[13].

1.1. Antecedentes históricos sobre la obligatoriedad de motivar la sentencia

Tal como señala TARUFFO, la obligatoriedad de motivar, o no, la decisión que se tomará para resolver un conflicto entre dos partes responde a una opción ideológica[14], esto es, a una visión sobre cómo es el mundo, al fundamento de las relaciones sociales y del papel del Derecho en la sociedad y de los órganos que se encargan de su aplicación[15].

---

13 Citado por ACCATINO SCAGLIOTTI, Daniela, «La Fundamentación de las sentencias: ¿un rasgo distintivo de la judicatura moderna?». Consultado el 22 de diciembre de 2013 en: http://www.scielo.cl/scielo.php?pid=S0718-09502003000200001&script=sci_arttext#r1

14 Para efectos del presente trabajo, se entenderá por ideología «pautas de creencias políticas que introducen en la vida política visiones normativas». KRAMNICK, Isaac / WATKINS, Frederick, *La era de la ideología. El pensamiento político desde 1750 hasta nuestros días*, Editorial Universitaria de Buenos Aires, Buenos Aires, 1981, p. 2.

15 TARUFFO, Michele, *Consideraciones sobre prueba y motivación*, Fundación Coloquio Jurídico Europeo, Madrid, 2009, p. 17. Consultado el 22 de enero de 2014 en: http://www.fcje.org.es/wp-content/uploads/file/Libros_Publicados/Cuadernos_Fundacion/CONSIDERACIONES_.pdf

En ese sentido, la obligación del Juez de motivar [justificar] su decisión sobre un conflicto entre dos o más partes no siempre fue una exigencia política para la legitimidad y validez de su decisión[16]. Incluso en los lugares que se empezó a establecer este deber, ello no estuvo pensando, inicialmente, como una garantía de los derechos de las personas, sino como un mecanismo burocrático de control del Rey respecto de cómo los jueces debían realizar su función de juzgar[17].

En las siguientes líneas se mostrará cómo ha sido el devenir histórico de la obligación de justificar la cuestión fáctica de la decisión. En el Gráfico N° 1 se mostrará, de modo didáctico, la evolución del deber de motivar la decisión judicial.

Gráfico N° 1

Evolución de la exigencia del deber de motivación en el tiempo

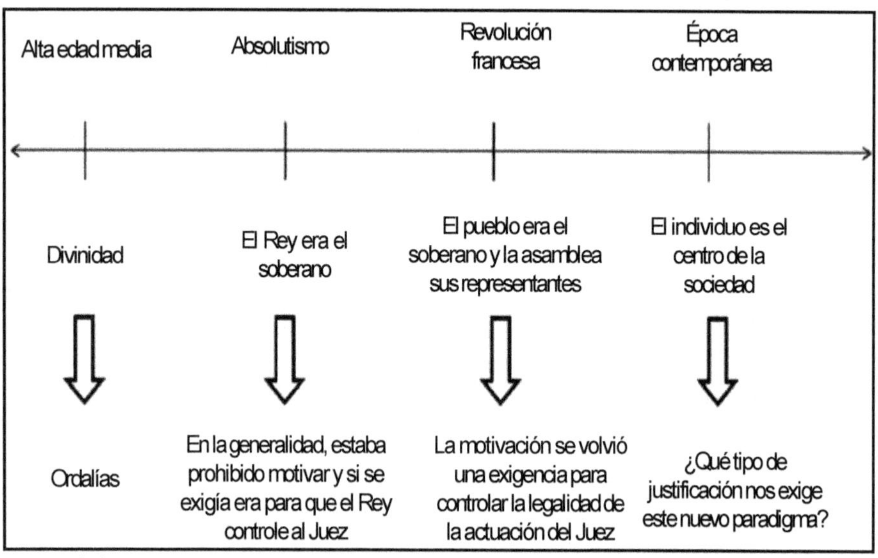

Elaboración: propia.

---

[16] Incluso, en algunos momentos, se estableció que la autoridad no debía justificar su decisión ante el público, porque ello socavaba su autoridad, como se verá más adelante.

[17] Ver Accatino Scagliotti, Daniela, *loc. cit.*

Tomando las palabras de Michele TARUFFO[18], debe advertirse que esta evolución no ha sido lineal en la Europa continental, esto es, no se pasó de la no obligatoriedad a la obligatoriedad de motivar la decisión. Si bien inicialmente no se exigía a los jueces motivar sus sentencias, existieron algunos lugares de Europa donde exigencia si existía, pero por motivos distintos a los que ahora justifican esta obligación, tal como se mostrará más adelante.

La narración histórica tiene como propósito ilustrar, a grandes rasgos, cómo fue evolucionando el deber de motivar la sentencia. Ello, permitirá mostrar cómo la configuración de este deber respondía a una concepción del mundo y al fundamento de la organización social. Dicha concepción permitirá tener una comprensión más cabal del instituto jurídico y la labor de los órganos que operativizaban al sistema.

1.1.1. La irrelevancia de la motivación en el mundo místico de la alta edad media: los juicios de Dios

En la alta media[19], los casos se decidían por medio de la ordalía, combate o algún mecanismo dejado al azar que determinase cuál de las partes resultaba ganadora, la que se asumiría tendría la razón por este hecho. Esta forma de resolver los conflictos entre dos partes estaba vinculada a la concepción religiosa que se tenía del mundo. Se creía que si Dios gobernaba todo lo que sucedía en el mundo, entonces Dios no dejaría que un inocente perdiese en el combate, y que un

[18] TARUFFO hace la advertencia para su análisis de la obligatoriedad de la motivación, que él reconstruye para el caso de la motivación de la sentencia civil no se dio en toda Europa al mismo tiempo. Por ello, las reconstrucciones históricas que él realiza sobre esta obligación tiene una utilidad orientadora y aproximativa de este fenómeno. En TARUFFO, Michele, *La motivación de la sentencia civil*, tr. Lorenzo Córdova Vianello, Tribunal Electoral del Poder Judicial de la Federación, México, 2006, p. 302.

[19] Como ya se mencionó, toda mención a una cierta época se debe tomar como una situación generalizable a Europa, pero no como a una descripción de lo que sucedía en toda Europa, incluida Gran Bretaña. La evolución de las instituciones europeas tampoco se debe tomar de modo lineal, sino que hubo avances y retrocesos, o trayectorias distintas en algunos lugares de Europa.

culpable saliese libre de su delito. Dios estaba detrás del resultado de este tipo de juicios[20].

Cabe precisar que no todos los conflictos que llegaban a la autoridad se resolvían de esta manera; solo se utilizaba este tipo de procedimientos cuando no había prueba suficiente -a criterio de la autoridad- para determinar quién tenía la razón[21]. Antes de llegar a este medio de solución, las partes debían presentar testigos, documentos y debían prestar juramento sobre los hechos objeto de controversia; solo en caso lo anterior no fuese suficiente para saber qué parte tenía la razón es que se recurría a este mecanismo de solución. Por eso, más que un procedimiento encaminado a saber qué ocurrió, era un medio para resolver el conflicto ante la incertidumbre existente, pero cuyo resultado se dejaba a «Dios»[22]. La legitimidad de la decisión se sustentaba en que se sigan los ritos y procedimientos religiosos y en la creencia de que «Dios» estaba detrás de la decisión. Bajo esta concepción del mundo, la motivación no podía ser una exigencia para la legitimidad de la decisión.

1.1.2. El surgimiento del absolutismo: el soberano no justifica sus decisiones

Al irse debilitando la concepción religiosa que se tenía del mundo, el poder de la organización política se empezó a centralizar, poco a poco, en el Monarca; sin embargo, ello no significó que el Monarca (o los órganos a los cuales delegaba la función de juzgar) debía motivar sus decisiones. De acuerdo a ACCATINO, el monarca y sus delegados no debían motivar sus decisiones por lo siguiente[23]:

---

20 GASCÓN, Marina, *Los hechos en el Derecho. Bases argumentales de la prueba*. Marcial Pons, Madrid, 1999, pp. 8 y ss. También FURNO, Carlo, *La prueba legal*, Leyer, Bogotá, 2007, p. 16. TARUFFO, Michele, *Simplemente la verdad*, Marcial Pons, Madrid, 2010, pp. 15 y ss.

21 Al respecto, ver TARUFFO, Michele, *Simplemente la verdad*, Marcial Pons, Madrid, 2010, p. 18.

22 Al respecto, ver TARUFFO, Michele, *ibidem*. También LEESON, Peter T., «Ordeals», *Journal of Law and Economics*, vol. 55 (August, 2012), p. 695. Este artículo tiene una visión crítica respecto de si las ordalías realmente permitían saber quién era culpable y quién inocente. Desde su punto de vista, las ordalías si establecían los suficientes incentivos para determinar quién era culpable y quién inocente.

23 ACCATINO SCAGLIOTTI, Daniela, *loc. cit.*

La majestad del monarca remitía en primer término a su supremacía, esto es, a la inexistencia en la tierra de un superior ante quien rendir cuenta de sus decisiones. Esa posición excluía la necesidad de justificar públicamente las decisiones que él o sus delegados -y en especial los tribunales o cortes centrales- adoptaban, pues fundarlas habría supuesto, como señala Letizia GIANFORMAGGIO, admitir que no se es titular de la soberanía.

En ese sentido, ACCATINO agrega que «si el juez es un delegado del monarca, el reflejo en él de su majestad excluye la idea de que deba justificar públicamente el ejercicio de su autoridad»[24]. La legitimidad de la decisión se fundamentaba en la creencia de la majestad, probidad, rectitud e infalibilidad del Tribunal. En otras palabras, la legitimidad de la decisión se sustentaba en la imagen del Juez. Por ello, se establecieron reglas de conducta a los jueces y una simbología al Tribunal, que permitiese crearles una atmósfera de sacralidad y solemnidad y, de esa manera, un status de superioridad frente a las partes. Asimismo, se estableció que todos los integrantes del Tribunal debían firmar la sentencia, así no estuviesen de acuerdo con el sentido de la decisión final, a efectos de dar la impresión que la decisión fue unánime. Por esa misma razón, la deliberación era secreta, a efectos de no mostrar posibles discrepancias[25].

Cabe indicar que si bien en algunas regiones de Europa a partir del Siglo XVI se estableció que los Tribunales motiven su decisión, ello sólo era una obligación para cierto tipo de decisiones y órganos judiciales. En algunos casos, la motivación tenía como objetivo legitimar, como en el caso de Florencia, el paso de la

---

24 ID.

25 IDEM. Cabe indicar que le he dado un ligero matiz a la interpretación que realiza ACCATINO a los hechos. Desde mi punto de vista, el secreto era un elemento esencial para mostrar que la decisión era infalible. Al firmar todos los miembros del Tribunal, se daría la impresión que todos estaban de acuerdo y, por tanto, que sería evidente el resultado al que habían llegado. Por el contrario, si se mostraba que existían divergencias entre los miembros del Tribunal, ello podría dar lugar a que se dude sobre la infalibilidad de la decisión y resquebrajaría su autoridad ante la población.

República al Principado: se quería mostrar que los Tribunales eran un espacio neutral para resolver el conflicto entre los aristócratas y el príncipe. La exigencia de que se motive la decisión tenía un objetivo de conservación del orden donde se podía mostrar que existía un espacio neutral e imparcial para resolver conflictos entre el Príncipe y los aristócratas[26].

1.1.3. La revolución francesa: la exigencia de la motivación para controlar a los jueces

En los albores de la revolución francesa, se generalizó el deber del Juez de motivar sus sentencias pero cuyo sustento consistió en que la Asamblea pueda controlar a los jueces que provenían del Antiguo Régimen. En ese sentido, Taruffo señala lo siguiente[27]:

> Por un lado el principio del dominio de la ley, en el significado claramente político que asumía en el momento de reacción contra el *ancien régime*, postulaba un instrumento para hacer posible el control sobre la legalidad del juicio; por el otro, exigencias análogas se traducían en la institución de un juez de legalidad supremo en el *Tribunal de Cassation*, originalmente entendido como emanación del poder legislativo y como destinatario principal, aunque no exclusivo, de la motivación. Esta última era considerada esencialmente como el momento fundamental de garantía de la legalidad de la decisión, en una situación histórica en la que se planteaba como evidente prioridad *le neta* connotación política del propio principio de legalidad, así como de las reglas garantistas que le eran instrumentales. Esto permite explicar la peculiaridad más relevante de la introducción de la obligación de motivación por parte del legislador revolucionario, o sea el hecho de que éste sea considerado como principio de carácter general que no tolera limitaciones, coherentemente inserto en el contexto y la concepción legalista y democrática de la justicia.

---

26 Id.

27 Taruffo, Michele, *La motivación de la sentencia civil, op. cit.*, p. 305.

Con la imposición del deber de motivar la sentencia se buscaba verificar que el Juez estaba cumpliendo la voluntad popular expresada a través de la Ley[28]. El soberano era el pueblo; su representante, el legislador; y el Juez, la boca de la ley. La motivación y su publicidad eran instrumentales para ese fin.

Se puede plantear que este principio tenía como fundamento una concepción democrática del poder; sin embargo, ello respondería a una concepción formalista de la democracia, esto es, en verificar que el Juez estaba cumpliendo con la voluntad del legislador que se expresaba a través de su texto, y si éste no era claro, se trataba de conocer cuál era la intención del legislador. Para ello, se formuló un esquema de razonamiento mecanicista al resolver un caso[29]:

> ...la imagen del juez *bouche de la loi* es el símbolo de un cuadro conceptual que omite los problemas inherentes al juicio de hecho y que cultiva una concepción mecanicista de la aplicación de la ley; en ese cuadro, la supuesta simplicidad y automaticidad del juicio (depurado de ambigüedades y distorsiones interpretativas) aparece incompatible con el arbitrio subjetivo de quien juzga, y suficiente para garantizar la justicia objetiva de la decisión.

De esta concepción surgió la obligatoriedad de motivar la sentencia y su publicidad, a efectos de permitir que la ciudadanía controle si el Juez estaba cumpliendo con la voluntad del legislador. Para lograr lo anterior, se concibió un esquema de razonamiento mecanicista donde la ley era clara; y, los hechos, evidentes.

Desde una mirada actual, esta forma de concebir el razonamiento jurídico para resolver un caso es errada; sin embargo, ello sería una crítica injusta si se tiene en cuenta cuál era el problema que debían

---

28 En el mismo sentido, ACCATINO SCAGLIOTTI, Daniela, *loc. cit.;* y COLOMER HERNÁNDEZ, Ignacio, *La motivación de las sentencias: sus exigencias constitucionales y legales,* Tirant lo Blanch, Valencia, 2003, pp. 67-68.

29 TARUFFO, M., «L' obbligo di motivazione della sentenza civile tra diritto comune e iluminismo», en *Rivista di Diritto Processuale,* vol. XXIX (II serie), 1974, pp. 268-9. Citado por ACCATINO SCAGLIOTTI, Daniela, *op. cit.*

enfrentar los revolucionarios en esa época: cómo evitar que el nuevo orden sea desmontado por jueces provenientes del antiguo régimen. Una crítica que no tenga en cuenta ello sería descontextualizada. El nuevo orden político exigía que los Jueces sigan la voluntad popular expresada en el texto, y no se podían dar el lujo de mayores sutilezas al inicio dado que ello podría ser contraproducente para el sostenimiento del nuevo régimen.

A modo de síntesis

Como puede verse en este apretado recorrido histórico, la configuración de un instituto jurídico responde a la concepción que se tenga en un momento determinado del poder y de las relaciones sociales, y al papel que se le asignará al Derecho en ese contexto. En este caso, se ha podido apreciar que la forma cómo se concebía la legitimidad del poder en la sociedad determinó lo siguiente sobre el deber de motivación: (i) si era necesario motivar la decisión judicial; (ii) a quién se tiene que dar cuenta de la decisión; (iii) qué tipo de razones se deben ofrecer para justificar una decisión. Estos tres puntos serán la guía bajo la cual se analizará la configuración del deber de motivación de la decisión judicial en el Estado Constitucional.

Antes de entrar a analizar cómo se entiende el actual modelo del Estado Constitucional, resulta metodológicamente importante compararlo con el modelo del Estado Legislativo, dado que es frente a este modelo que irrumpe el Estado Constitucional. En efecto, esta contraposición permitirá ver bajo qué principios se organiza cada modelo de Estado y de dónde provenía su legitimidad; cuál era la principal fuente de la autoridad del Derecho; bajo qué metodología se aplicaba el Derecho, entre otros aspectos. También se verán algunos aspectos históricos porque ello nos permitirá contextualizar el desarrollo que tuvo cada modelo y si ello se sigue justificando en la actualidad.

1.2. El Estado legislativo: historia y características

1.2.1. Contexto histórico

El Estado Legislativo se organizó bajo el principio de legalidad, motivo por el cual resulta importante conocer el contexto en el cual surgió este principio y sus alcances. El contexto nos ayudará a entender cuál era el problema que este principio trató de solucionar.

El Estado en el antiguo régimen se construyó sobre la base de la centralización del poder (militar, político, administrativa, recaudatoria, jurídico, entre otros) en la Monarquía; sin embargo, la división de clases del antiguo régimen se construyó sobre «la supremacía social de la aristocracia»[30]. La monarquía concentró las diversas funciones estatales, mas ello no implicó un control absoluto sobre las otras clases sociales. El Rey centralizaba el poder, pero debía respetar los privilegios de los otros estamentos sociales. Al respecto, Perry ANDERSON señala lo siguiente[31]:

> «La monarquía absoluta de Occidente estuvo siempre, de hecho, doblemente limitada: por la persistencia de los organismos políticos tradicionales que estaban por debajo de ella y por la presencia de la carga excesiva de una ley moral situada por encima de ella. En otras palabras, el poder del absolutismo operaba, en último término, dentro de los necesarios límites de la clase cuyos intereses afianzaba».

En ese sentido, si bien la Monarquía concentró el poder estatal, esta entidad debía respetar los intereses y privilegios de la aristocracia, que todavía mantenía cierto poder en la sociedad. Ciertamente, ese poder se fue diluyendo con el tiempo y, además, se tenía que enfrentar al surgimiento de una nueva clase social con los recursos necesarios para desplazarla: la burguesía. Ahora bien, ambas clases sociales sabían que la forma de mantener sus privilegios o acceder a éstos era a través de sus relaciones con el Monarca o las personas que manejaban los asuntos del Estado, tal como lo señala GARCÍA DE ENTERRÍA:

> «la administración del Antiguo Régimen funcionaba sobre la ideal central de la soberanía del Rey, capaz de actuar tanto por normas generales como por rescriptos singulares no

30 ANDERSON, Perry, *El Estado absolutista*, 15ª ed., Siglo Veintiuno, México, 1998, p. 37.
31 ANDERSON, Perry, *op. cit.*, p. 46.

vinculados a Ley alguna y capaces, además, de pasar por encima de las Leyes existentes; ...»[32].

Ante esta situación, los revolucionarios franceses buscaron romper con la forma de organización de la sociedad del antiguo régimen, basados en que todos los hombres eran iguales, tal como señala GARCÍA DE ENTERRÍA[33]:

«(...) respecto a la profundización de sus postulados básicos. Fueron éstos, desde su origen, la libertad y la igualdad, expresados ambos, en sus mismos momentos iniciales, en dos documentos capitales: la eliminación total de los «privilegios» y la proclamación formal de «la igualdad de todos los franceses», llevadas a cabo en la famosa y mítica «noche del 4 de agosto de 1789» (que se plasmaría en los Decretos de 4-11 siguientes) y la Declaración de los Derechos del Hombre y del Ciudadano, de 26 de agosto de 1789, que pasará a ser el documento fundacional de la Revolución y su signo emblemático, hasta hoy mismo.

La proclama de que todos los hombres eran iguales, tenían ciertos derechos básicos y el rompimiento con la antigua forma de organización de la sociedad fueron algunos de los principios que orientaron la nueva reorganización del Estado y el Derecho en esta sociedad. Para ello, tuvieron que crear nuevas instituciones jurídicas que fuesen funcionales a la nueva organización política que querían crear. De acuerdo a John MERRYMAN, «el espíritu rector de del derecho público europeo de los conceptos e instituciones en que está expresado son de origen reciente y no tienen raíces profundas en los periodos romano o medieval de la historia europea»[34]. Para MERRYMAN, «el derecho

---

32 GARCÍA DE ENTERRÍA, Eduardo, «La Administración Pública y la Ley», en *Themis*, Revista publicada por alumnos de Derecho de la Pontificia Universidad Católica del Perú, N° 40, 2000, p. 230.

33 GARCÍA DE ENTERRÍA, Eduardo, *La lengua de los derechos. La formación del Derecho Público europeo tras la Revolución Francesa,* Real Academia Española. Discurso leído el día 24 de octubre de 1994, en el acto de su recepción como académico de número, Madrid, pp. 24 y 25.

34 MERRYMAN, John Henry, *La tradición jurídica romano-canónica,* Fondo de Cultura Económica, México, 1980, p. 36. El mismo autor señala que «el derecho público de las naciones de derecho civil contemporáneo es en gran parte el producto de una revolución que tuvo lugar en Occidente en el siglo que comenzó en 1776».

público de las naciones de derecho civil contemporáneo es en gran parte el producto de una revolución que tuvo lugar en Occidente en el siglo que comenzó en 1776»[35].

Es bajo este contexto que surgió el principio de legalidad. Las leyes serían las fuentes del Derecho que regiría las relaciones entre las personas. Ya no sería ni la voluntad del monarca ni los jueces quienes crearían el derecho; solo la ley crearía el Derecho.

> Cuando todo el pueblo legisla sobre todo el pueblo, no considera sino a sí mismo, y si establece una relación, es la del objeto entero bajo un punto de vista hacia el objeto entero bajo otro punto de vista, sin ninguna división (del todo). Entonces la materia sobre la cual se legisla es general así como la voluntad que legisla. Es aquel acto llamado ley[36].

Los jueces debían limitarse a declarar qué es el derecho y el Monarca (o el Gobierno) a cumplir lo ordenado por la Ley, pues ello sería garantía de que los derechos de los ciudadanos serían respetados. De esta manera, del Gobierno de los hombres -o de un hombre- se transitó al Gobierno de la Leyes, o de las reglas que regirían a todos. No más privilegios o decisiones particulares que solo dependan de la voluntad de quien decide. Se puso énfasis en las reglas, que por generales y abstractas serían justas, dado que nadie aceptaría aprobar normas que los pudiese perjudicar; al menos, eso se asumía.

En efecto, de acuerdo a GARCÍA DE ENTERRÍA, la confianza en la ley se debía a que ésta era producto de la decisión del pueblo entero (voluntad general) decidiendo sobre el pueblo entero, por medio - y esto es igualmente esencial- de normas generales y comunes[37], lo cual significaba que todo órgano público (del Rey para abajo) ejercía sólo el poder que la Ley ha definido previamente, en la medida tasada por la Ley, mediante el procedimiento y las condiciones que

---

35 *Op. cit.*, p. 35.

36 ROUSSEAU, J., *El Contrato Social*, citado por GARCÍA DE ENTERRÍA, Eduardo, *La Administración Pública y la Ley*, *op. cit.*, p. 230. Citado también BULLARD, Alfredo / HIGA, César, «Verdades y falacias sobre el control difuso de las normas por las autoridades administrativas a la luz de los nuevos pronunciamientos del Tribunal Constitucional», en CARPIO Marcos / GRÁNDEZ CASTRO, Pedro (eds.), *Cuadernos de análisis y crítica a la jurisprudencia constitucional*, N° 1, Palestra, Lima, 2007, p. 27.

37 *Ibidem*. Ver también BULLARD, Alfredo y HIGA, César.

la propia ley establece, y ningún otro poder. Sólo la Ley manda y todos los agentes, administrativos o judiciales, en cuanto agentes comisionados por el pueblo, son simples ejecutores de la misma, que comprueban que el supuesto de hecho previsto por la Ley se ha producido y que seguidamente deciden lo que la Ley ha determinado previamente como procedente[38].

Asimismo, se debe tener en cuenta que los revolucionarios tenían una fundada desconfianza en los jueces, puesto que «antes de la Revolución Francesa, los cargos judiciales eran considerados como propiedad que cualquiera podría comprar, vender o dejar en herencia a la hora de la muerte»[39]. Por esa razón, «en Francia la aristocracia judicial fue uno de los blancos de la revolución no solo por su tendencia a identificarse con la aristocracia de la tierra, sino también por su fracaso en distinguir claramente entre aplicar la ley y hacer la ley»[40].

Es en virtud a lo anterior que se puede entender el nuevo sitial que adquiere la Ley en el Estado legislativo; el papel que se le asigna a los jueces y a la Administración Pública; y cómo debían ejercer sus nuevas funciones. La reconfiguración del Estado y el Derecho surgió como respuesta a los problemas que debía enfrentar el nuevo régimen. Esto nos permite inferir que las instituciones jurídicas surgen como respuesta a problemas que debía enfrentar el nuevo orden social que se quería crear. Este nuevo orden está profundamente influenciado por las creencias ideológicas que están detrás de cómo se debe organizar la sociedad.

1.2.2. Breve síntesis de los elementos del Estado legislativo

a) El principio de legalidad

Este modelo de Estado se asentó básicamente en el principio de legalidad[41]:

---

38 *Ibidem*, p. 233.

39 Merryman, John Henry, *La tradición jurídica romano-canónica*, Fondo de Cultura Económica, México, 1980, p. 37.

40 *Ibidem*, p. 38.

41 Zagrebelsky, Gustavo, *El derecho dúctil. Ley, derechos, justicia*, Trotta, Madrid, 2011, p. 24.

El principio de legalidad, en general, expresa la idea de la ley como acto normativo supremo e irresistible al que, en línea de principio, no es oponible ningún derecho más fuerte, cualquiera que sea su forma y fundamento: ni el poder de excepción del rey y de su administración, en nombre de una superior «razón de Estado», ni la inaplicación por parte de los jueces o la resistencia de los particulares, en nombre de un derecho más alto (el derecho natural o el derecho tradicional) o de derechos especiales (los privilegios locales o sociales).

La primacía de la ley señalaba así la derrota de las tradiciones jurídicas del Absolutismo y del *Ancien Régime*. (...).

La ideología del Estado Legislativo consideraba que frente a la Ley no había norma superior alguna. Ello, se consideraba que era así porque la ley era producto del órgano representativo del pueblo o, al menos, de acuerdos con los órganos representativos de la sociedad. Asimismo, la ley tendría el carácter de abstracción y generalidad, lo cual garantizaría su justicia, porque esta regiría para todos y sin que se tenga en cuenta situaciones particulares que puedas sesgar el contenido de las normas.

De esta manera, la validez de la norma ya no dependía más de la voluntad del monarca ni del estatus que pueda tener una clase social. La norma sería producto de la voluntad popular, regiría para todos y para las más diversas situaciones. Ciertamente, todo ello era a un nivel ideológico.

b) La distribución y ejercicio del poder

El Estado legislativo es el modelo de Estado que se organiza bajo el principio de «separación de poderes, y la sumisión del poder al Derecho»[42].

Con relación a la producción de la Ley, ésta «se configuraba como la centralización del poder político, con independencia de

---

[42] GASCÓN ABELLÁN, Marina / GARCÍA FIGUEROA, Alfonso J., *La argumentación en el Derecho*, 2ª ed. corregida, Palestra, Lima, 2005, p. 20.

los modos en que ésta se hubiese determinado históricamente y del órgano, o conjunto de órganos, en que se hubiese realizado»[43]. Así, en algunos casos, como la Francia Revolucionaria, la centralización de la producción del Derecho lo adquirió el Parlamento; mientras que Alemania fue producto de los acuerdos entre el Monarca y la cámara de representantes.

En virtud a este principio, el Parlamento (o los órganos legislativos) se encargarían de aprobar las normas. El monarca (o los órganos ejecutivos) solo podría y debía ejecutar lo que la ley le ordenaba; más allá de ello, su actuación se consideraría un acto arbitrario. De otro lado, el Poder Judicial debía encargarse a declarar lo que dicen las normas, sin ir más allá de su texto.

Así, existía un órgano que se encargaba de producir el Derecho; otro de declararlo en los casos concretos y uno que se encargaba de ejecutar lo que ordenaban las normas. Así se configuró este modelo en el plano ideológico.

c) Interpretación de los textos normativos y la metodología para su aplicación a casos

En este modelo de estado, la forma de interpretar las normas era a través del análisis del texto normativo. Si se deseaba respetar la voluntad del legislador, entonces lo que debían hacer los jueces era tratar de ser lo más fieles que se pueda al texto de acto normativo.

La metodología utilizada para aplicar el Derecho a casos era la subsuntiva, esto es, luego que se interpretaba el texto se trataba de encajar el caso concreto al supuesto de la norma.

En síntesis, se puede afirmar que el Estado Legislativo era un modelo de Estado que tenía como objetivo expresar los profundos cambios políticos-sociales que se vivió en Europa a fines del Siglo XVIII y el Siglo XIX, que iban desde donde provenía la legitimidad del poder y, a partir de ello, la distribución del poder; los controles intra y extrapoderes; la configuración de las fuentes del Derecho; la metodología para interpretar los textos normativos y su aplicación a casos concretos. Se buscó construir

---

43 *Op. cit.*, p. 24.

y desarrollar un modelo de Estado acorde con la nueva forma de concebir la legitimidad del poder, su distribución y control.

Cabe señalar que en este modelo de Estado se prestó poca atención al análisis y evaluación de los hechos de un caso. En efecto, aspectos referidos al análisis de las hipótesis en competencia de un caso; qué atributos determinan la confiabilidad de un determinado medio probatorio; cómo se determina la solidez de las hipótesis en competencia en un caso y qué técnicas se pueden utilizar para descartar hipótesis no fueron objeto de preocupación en este modelo de Estado. Ello se debe, quizás, a que la los esfuerzos estuvieron concentrados en construir un tipo de Estado para limitar el poder, mas no para analizar cómo se averigua qué ocurrió en un caso concreto para ver qué norma se aplica a ese caso. Como se verá más adelante, este vacío está siendo llenado cada vez más en el Derecho actual.

De acuerdo a lo mencionado, el modelo del Estado Legislativo ha sido puesto en cuestión y, creemos que sin exagerar, este modelo se encuentra en retirada frente al creciente desarrollo del paradigma del Estado Constitucional. En efecto, a nivel teórico se han encontrado vacíos a este modelo y su falta de poder explicativo, entre otros, de los tipos de normas que se encuentra en el ordenamiento jurídico y de la práctica de los jueces en la actualidad.

Lo anterior creemos se puede explicar, nuevamente, a situaciones históricas que vivió el mundo en el siglo XX. Las guerras mundiales y las atrocidades vividas en esas guerras produjeron cambios políticos-sociales que dieron lugar al surgimiento del Estado Constitucional, lo cual será, brevemente, materia de análisis en la siguiente sección.

1.3. El Estado Constitucional de Derecho

1.3.1. Contexto histórico

El paradigma del Estado Constitucional empieza a surgir luego de la II Guerra Mundial[44]. En efecto, luego de los horrores

---

[44] FIORAVANTI, Maurizio, *Los derechos fundamentales. Apunte de historia de las Constituciones*, 3ª ed., Trotta, Madrid, 2000, p. 128.

que produjeron los regímenes totalitarios en Alemania, Japón e Italia, se consideró que era necesario que el régimen político garantice una serie de valores y principios bajo los cuales se debían dar las relaciones sociales. Ello, llevó a redescubrir la constitución. Como señala FIORAVANTI, «en este momento histórico se descubre en su conjunto la supremacía de la constitución, bien como máxima forma de garantía de los derechos y libertades, bien como norma directiva fundamental a seguir para la realización de los valores constitucionales»[45].

Bajo una definición formal, por Estado Constitucional se entiende que el Estado se encuentra sometido a la Constitución como norma suprema del ordenamiento jurídico. Así, la Constitución ha dejado de ser solo una declaración política para convertirse en una norma jurídica que expresa los valores políticos concernientes a la forma de vida que, como sociedad, queremos adoptar. La doctrina entiende que la Constitución tiene valor normativo directo e inmediato quedando sujetos todos los ciudadanos y poderes públicos a su vinculación normativa[46].

Ahora bien, el cambio de paradigma no consiste solo en cambiar el texto de la ley por la Constitución, sino en una forma de entender el Derecho. Se entiende que en la base del Derecho se encuentran un conjunto de valores y principios que le dan

---

[45] ID.

[46] GARCÍA DE ENTERRÍA, Eduardo, *La Constitución como norma y el Tribunal Constitucional*, Civitas, Madrid, 1985, pp. 63 y ss. Cfr. también con SAGÜÉS, Néstor Pedro, «La interpretación Constitucional, instrumento y límite del juez constitucional», en *Anuario de Derecho Constitucional Latinoamericano 1996*, Konrad Adenauer / CIEDLA, pp. 25-45. GARCÍA BELAUNDE, Domingo, «La interpretación Constitucional como problema», en *Anuario Constitucional Latinoamericano 1996*, pp. 47-83. HESSE, Konrad, «La interpretación constitucional», en *Escritos de Derecho Constitucional*, Centro de Estudios Constitucionales, 1992, Madrid, pp. 33-54. QUIROGA LEÓN, Aníbal, «Control «difuso» y Control «concentrado» en el Derecho Procesal Constitucional peruano», en *Derecho Nº 50*, Facultad de Derecho de la PUCP, pp. 207-233. GASCÓN ABELLÁN, Marina / GARCÍA FIGUEROA, Alfonso J., *La argumentación en el Derecho*, 2ª ed. corregida, Palestra, Lima, 2005, p. 25. ZAGREBELSKY, Gustavo, *El derecho dúctil. Ley, derechos, justicia*, Trotta, Madrid, 2011, p. 40. GRÁNDEZ CASTRO, Pedro, *Tribunal constitucional y argumentación jurídica*, Palestra, Lima, 2010, pp. 20 y ss.

sentido y propósito al ordenamiento jurídico para garantizarles a las personas que logren sus fines[47].

1.3.2. Breve síntesis de los elementos del Estado Constitucional

a) Los derechos del individuo como centro del Estado Constitucional

En el Estado Constitucional, la protección de la dignidad de los individuos es el propósito de este modelo de Estado. En efecto, se entiende que el propósito de la vida en sociedad es que cada individuo pueda realizar su proyecto de vida.

Cabe precisar que no se trata de la protección de cualquier proyecto o plan de vida, sino de aquellos que se consideran valiosos para su realización como seres reflexivos y morales. Por seres morales se entiende que están en capacidad de distinguir entre acciones correctas e incorrectas y estados del mundo justos e injustos. Por seres reflexivos se entiende que pueden justificar (dar razones) de por qué se debe permitir, prohibir u obligar a que se realicen cierto tipo de acciones por considerarlo correcto o porque se quieren lograr o cambiar cierto estados del mundo. En ese sentido, será a través del intercambio de razones que se irán identificando cuáles son los proyectos o planes de vida que se protegerán.

En esa línea de pensamiento, el Estado ya no es un fin en sí mismo, sino que es una entidad que tiene como objetivo crear el entorno necesario para que se puedan llevar a cabo los diversos proyectos de vida que merecen ser protegidos.

b) La distribución y ejercicio del poder

En este modelo también se recoge la separación y el control intra y extra órganos del poder desarrollada en el Estado Legislativo. La diferencia creemos se encuentra en el ejercicio del poder. Ya no se considera que el ejercicio del poder tenga que ser limitado, sino que en algunos casos se tiene que ejercer para realizar

---

[47] En este punto, ver FIORAVANTI, Maurizio, *op. cit.*

acciones positivas a favor de las personas. En palabras de Owen FISS, el Estado no tiene porqué ser enemigo de los derechos de las personas; en algunos casos, puede (y debe) ser su amigo[48]. En ese mismo sentido, FIORAVANTI señala «La doctrina del constitucionalismo ya no puede ser sólo doctrina *del gobierno limitado* sino también doctrina *de los deberes del gobierno*, como es el caso -ya recordado- de los derechos sociales en relación al valor constitucional de igualdad a promover y realizar»[49].

En esa línea de pensamiento, incluso, se puede reinterpretar que las competencias de los órganos estatales ya no se guían solo por el principio de literalidad y competencias expresas, sino que debe interpretarse a la luz de los fines para los cuales fue creado un determinado órgano, lo cual determinará qué puede y no puede hacer el órgano estatal. Ciertamente, sin olvidar los peligros que puede tener una actuación estatal sin límites ni controles. El desafío se encuentra en otorgarles flexibilidad pero estableciendo ciertos límites y controles que permitan saber cuándo estarían actuando arbitrariamente.

c) Interpretación y aplicación del Derecho a casos

La interpretación de los textos normativos sobre principios y valores requiere una actitud interpretativa comprometida con descubrir cuál es el propósito que se busca proteger con esos valores[50]. En ese sentido, al analizar un texto normativo, el intérprete debería, al menos, realizar lo siguiente:

(i) qué estados de cosas o acciones se quiere proteger con el texto normativo;

(ii) para qué se quiere proteger ese estado de cosas o cierto tipo de acciones; y,

(iii) por qué la norma garantizará ese estado de cosas.

---

48 FISS, Owen, «Free speech and social structure», 71 *Iowa Law Review* [1986], p. 1416.

49 FIORAVANTI, Maurizio, *op. cit.*, p. 131.

50 Al respecto, ver DWORKIN, Ronald, *Justice in Robes*, Belknap Press of Harvard University Press, Cambridge, Massachusetts, 2006, pp. 12 y ss. Desde mi punto de vista, para DWORKIN, el Derecho es una actividad interpretativa conjunta donde nos preguntamos cuál es el valor y propósito en la base de una determinada práctica.

Es debido a lo anterior que la argumentación se vuelve un instrumento clave en el Estado Constitucional, dado que a través de ésta se permitirá conocer que se quiere proteger (contenido); por qué (explicativo) y para qué (propósito). Se busca entender el propósito detrás de la norma -el cual forma parte del Derecho - y cómo esa norma permitirá lograr ese estado de cosas valioso.

De otro lado, en el Estado Constitucional se protegen una diversidad de valores respecto de los cuales no existe una prioridad previamente establecida, sino que ésta se determinará en el caso concreto. Es indudable que para determinar qué estado de cosas resulta más valioso proteger es necesario desarrollar una serie de criterios y metodología que permita a la autoridad resolver los conflicto entre derechos. Para tal efecto, la metodología utilizada en los casos de conflicto de principios es el test de ponderación que establece un conjunto de pasos y criterios que permiten determinar cómo debe ser resuelto un caso. Lo anterior no significa abandonar el método de la subsunción, sino que éste resulta insuficiente respecto de los problemas que se enfrenta el actual Estado Constitucional.

Como puede apreciarse, el tránsito del Estado legislativo al Estado constitucional involucra un cambio profundo en la estructura, legitimidad y funcionamiento de ambos modelos de Estado, los cuales tendrán efectos en la configuración de las instituciones jurídicas que se desarrollen al interior de cada modelo.

Ahora bien, dicho lo anterior se debe agregar que en el Estado Constitucional adquiere una mayor relevancia la argumentación jurídica para justificar las decisiones de la autoridad. Estas ya no solo valen por provenir de una autoridad competente, sino que además sus decisiones tienen que ser conforme a los valores y principios contenidos en la Constitución. Asimismo, se exige un mayor análisis del caso concreto a efectos de determinar cuál es la norma aplicable.

Es en este contexto que el deber de motivación se vuelve una garantía necesaria para saber si la decisión del Juez se encuentra justificada de acuerdo a la concepción que se tiene del Derecho en el Estado Constitucional.

1.4. El deber de motivar en el Estado constitucional

En esta sección, se buscará desarrollar cómo se entiende el deber de motivación en la doctrina jurídica actual.

1.4.1. El Concepto de motivación de las resoluciones judiciales

En la doctrina se han distinguido dos concepciones de motivación: una, como explicación; y la otra, como justificación. Si bien la doctrina mayoritaria acepta que la concepción correcta es la que concibe al deber de motivación como justificación (en adelante, la posición racionalista); la motivación como explicación (en adelante, la posición irracionalista) no carece de relevancia jurídica y, en algunos casos, plantea desafíos que deben ser respondidos por la doctrina racionalista a efectos de que su propuesta sea sólida y, sobre todo, de utilidad para los operadores jurídicos. A continuación se explicará y analizará en qué consiste cada una de las concepciones antes mencionadas, luego de lo cual se realizará un análisis crítico de cada concepción.

a) La motivación como explicación

Para esta concepción, la motivación consistiría en que el Juez describa cuáles son los «motivos» que ha tenido en cuenta para sustentar su decisión[51]. Esta concepción podría tener dos interpretaciones:

a.1) Concepción explicativa-sicologista: Bajo esta concepción se le exige al Juez que indique cuáles son los motivos ***sicológicos o personales*** que lo llevaron a optar por tal o cual posición[52]. Se buscaría conocer qué elementos sicológicos influyeron en la decisión del Juez. Esta concepción está vinculada al contexto de descubrimiento de la decisión, esto es, a investigar todos aquellos elementos que en el caso concreto influyeron en que el Juez decidiese tal como lo hizo.

---

[51] Igartua Salaverría, Juan, *El razonamiento en las resoluciones judiciales,* Palestra, Lima, 2009, p. 19. También ver Colomer Hernández, Ignacio, *La motivación de las sentencias: sus exigencias constitucionales y legales*, Tirant lo Blanch, Valencia, 2003, p. 41. García Figueroa, Alfonso, «La motivación: conceptos fundamentales», en Gascón Abellán, Marina / García Figueroa, Alfonso, *La Argumentación en el Derecho*, Palestra, Lima, 2005, p. 144.

[52] Taruffo, Michele, *La motivación de la sentencia civil, op. cit.,* pp. 78 y ss.

La explicitación de los motivos sicológicos o personales que influyeron en el Juez al decidir un caso no son razones que permitan saber, por ejemplo, por qué un hecho ocurrió (la cuestión fáctica) o por qué tal norma es aplicable al caso (la cuestión de Derecho), motivo por el cual la descripción de esos motivos no puede sustentar la validez de la decisión adoptada por el Juez. Si el juzgador sostiene que ciertos hechos ocurrieron o que tal norma es aplicable es porque ha dado razones que permite sostener la verdad o corrección de ese tipo de afirmaciones.

Sin perjuicio de lo anterior, si bien los motivos personales o sicológicos que tuvo el Juez para decidir de una determinada manera no son razones que sostengan la validez de la resolución judicial, ello no implica que esos motivos carezcan de toda relevancia jurídica[53]. Así, por ejemplo, los motivos personales o sicológicos pueden influir en la elección o la creencia del Juez respecto de qué premisas son ciertas o correctas.

En ese sentido, si se prueba que el Juez estuvo motivado por razones de índole personal o profesional en el resultado de la decisión, ello debería acarrear su invalidez, y se debe disponer la emisión de una nueva resolución por parte de un Juez que no tenga algún interés en el resultado de la decisión. Si el juez tiene algún interés, prejuicio o sesgo que puedan afectar su juicio sobre lo que se discute en el caso, esto podría influir en el análisis, evaluación y ponderación de los argumentos de las partes.

Por esa razón, si se presentan ciertos elementos personales o sicológicos que puedan determinar que el Juez no haya sido neutral o imparcial respecto de lo que es objeto de discusión en el proceso, ello podría ser razón para declarar la invalidez de la decisión y solicitarse un nuevo pronunciamiento.

a.2) Concepción explicativa-escéptica: Bajo esta concepción solo se le exigiría al Juez que sea transparente y sincero en la identificación de las premisas normativas y fácticas que lo llevaron a decidir de cierta manera. Ello, porque no podría existir un control sobre la

---

53 En ese mismo sentido, ver ATIENZA, Manuel, *El Derecho como argumentación*, Ariel, Barcelona, 2007, pp. 104-106.

corrección de las premisas normativas o la verdad de las premisas fácticas. El control de la decisión solo se limitaría a que la decisión se infiera lógicamente de las premisas de las cuales parte.

El supuesto detrás de esta posición es que las premisas normativas y fácticas de las que parte el Juez no son controlables[54]. Para esta posición, no existe forma alguna de controlar la corrección de las premisas normativas de las que parte el Juez (escepticismo ante las reglas - *rule skepticism*) ni de las premisas fácticas (escepticismo ante los hechos - *facts skepticism*)[55].

En su versión extrema, esta posición se sustentaría en un escepticismo ontológico y epistemológico sobre el Derecho y los hechos. Para esta versión, el Derecho es lo que el Juez decida lo que es; no existe un orden jurídico independiente de su voluntad (la cuestión ontológica). Una versión más moderada es que no existe forma de conocer cuál es el Derecho aplicable al caso (la cuestión epistemológica). Incluso, si se pudiera conocer el Derecho, no existe un método objetivo que permita dar a conocer cuál es el sentido de la norma aplicable al caso concreto (la cuestión metodológica). Este método debe permitir un control intersubjetivo acerca de cómo se ha llegado a conocer cuál es la respuesta o solución del Derecho al caso concreto. Al no existir este método, entonces toda respuesta que se pueda dar sobre el Derecho aplicable no es controlable y, por tanto, su aceptación solo depende de cuán persuadidos o qué tanto se comparta los valores del Juez.

Con relación a los hechos se puede seguir el mismo esquema. El escepticismo sobre los hechos se podría ubicar en cualquiera de los tres niveles: no existe una realidad independiente de la mente de las personas (la cuestión ontológica); no se puede conocer esa realidad (la cuestión epistemológica); o no existe un método que permita dar a conocer cómo se conocieron los hechos del caso (cuestión metodológica).

---

54 Esta sería la posición de los realistas jurídicos estadounidense. Al respecto, ver Pérez Lledó, Juan Antonio, *El movimiento* critical legal studies, Tecnos, Madrid, 1996, pp. 240 y ss. También, Taruffo, Michele, *La motivación de la sentencia civil, op. cit.*, pp. 78 y ss.

55 Chiassoni, Pierluigi, *El análisis económico del Derecho*, Palestra, Lima, 2013, p. 18.

Si esas premisas son correctas, entonces no cabe un control racional sobre la corrección o verdad de las premisas de la argumentación del Juez. Lo único que cabe es adherirse o rechazar las premisas de las que parte el Juez, pero para ello es necesario que el Juez sea honesto y transparente en explicitarlas.

Bajo esta concepción, el debate sobre cuál es la ideología de los Jueces y su experiencia de vida se vuelve clave porque es en función de ello que el Juez interpretará los hechos de un caso y, sobre todo, cuál será el sentido que le dará a las normas invocadas en el proceso.

De la lectura de la introducción de la presente investigación se puede deducir que, desde nuestro punto de vista, la posición irracionalista es insostenible tanto sobre la cuestión normativa como sobre la cuestión fáctica. Para sustentar esta posición es necesario tener una teoría ontológica, epistemológica y metodológica sobre la realidad, su conocimiento y justificación intersubjetiva. Estos aspectos, que son centrales para la validez de esta investigación y creemos para el proyecto racionalista de la justificación de la decisión judicial, serán abordados en el Capítulo 2 del presente trabajo[56].

Antes de entrar a lo anterior, se expondrá qué se ha entendido sobre la concepción justificativa de la decisión judicial, dado que ello será la puerta de entrada para los aspectos que han sido mencionados en el párrafo anterior.

b) Concepción justificativa de la decisión

Bajo esta visión, la motivación consiste en una serie de argumentos jurídica, fáctica y racionalmente válidos[57]. Esta exigencia consistiría en lo siguiente[58]:

---

[56] En específico, en el punto 2.1. del capítulo 2.

[57] IGARTUA SALAVERRÍA, Juan, *loc. cit.*

[58] WRÓBLEWSKI, Jerzy, *Sentido y hecho en el Derecho*, Distribuciones Fontamara, México, 2001, p. 46. También del mismo autor, WRÓBLEWSKI, Jerzy, *Constitución y teoría general de la interpretación jurídica*, Civitas, Madrid, 1985, p. 59. ATIENZA, Manuel, *Las razones del Derecho. Teorías de la argumentación jurídica*, Palestra, Lima, 2004, p. 61.

b.1) Justificación interna: este aspecto consistiría en que la decisión se infiera de las premisas que aparecen en el argumento[59]. Ahora bien, ello no es una tarea sencilla, sino que, en muchas ocasiones, tiene que reconstruirse la argumentación de la resolución y explicitar las razones implícitas que permitan justificar la decisión del Juez. Por esa razón, resulta importante contar con una metodología que permita reconstruir la argumentación y esquemas de inferencias que permitan determinar qué tan sólidas son las conclusiones que se extraen de las premisas utilizadas en el argumento.

b.2) Justificación externa: este aspecto consiste en que las premisas fácticas sean verdaderas[60]; y las premisas normativas, correctas; lo cual depende de ciertos presupuestos ontológicos, epistemológicos y metodológicos sobre las cuestiones fácticas y normativas aplicables a un caso.

Toda teoría de la justificación de la motivación debe dar cuenta respecto de que presupuestos parte a efectos de comparar su solidez frente a los cuestionamientos de la teoría irracionalista. Si no es posible demostrar la validez de esos presupuestos, entonces la justificación externa no sería posible, y lo único que se podría controlar es la justificación interna de las decisiones.

Al ser éste un trabajo sobre la motivación de la cuestión fáctica, en las secciones 2.1. y 2.4. del Capítulo 2 se argumentará que si es correcto exigirle al Juez la justificación externa de la cuestión fáctica.

1.4.2. Configuración político-jurídica de la motivación en la Constitución Política de 1993

El artículo 139 numeral 5 de la Constitución Política del Perú de 1993 establece que es un «principio y derecho [en rigor, un deber] de la función jurisdiccional la motivación escrita de las resoluciones judiciales en todas las instancias, excepto los

---

59 La pregunta a resolver es la siguiente: ¿la decisión se infiere de sus premisas?

60 Las preguntas a resolver son las siguientes: (i) qué tan creíbles o fiables son las premisas fácticas; y (ii) qué tan sólidas son las inferencias que se realicen de los hechos probados.

decretos de mero trámite, con mención expresa de la ley aplicable y de los fundamentos de hecho en que se sustentan»[61]. Con relación al sentido que se le ha dado a este artículo, Pedro GRÁNDEZ señala lo siguiente[62]:

> El derecho a la motivación de las resoluciones judiciales, tal como se recoge en el texto constitucional (art. 139.5), no es solo un *derecho* de toda persona (natural o jurídica) a recibir de los órganos de la jurisdicción una decisión debidamente justificada, sino que constituye al mismo tiempo un *principio* que define a la función jurisdiccional del Estado y, a su vez, una *garantía* instrumental para asegurar el cumplimiento de otros principios y derechos fundamentales en el marco del Estado Democrático.
>
> (La cursiva es del autor)

Por su parte, José Luis CASTILLO señala lo siguiente sobre la exigencia de motivar la resolución judicial[63]:

> «la motivación de las resoluciones judiciales es una garantía para la plena vigencia y efectividad de los derechos fundamentales y una prevención contra las decisiones caprichosas y arbitrarias de los jueces, en especial, en lo que se refiere al ámbito fáctico y la valoración de las pruebas en la decisión judicial».

A nivel jurisprudencial, el Tribunal Constitucional ha señalado lo siguiente sobre la motivación[64]:

---

61 Igualmente, el artículo 8 numeral 2 de la Convención Americana sobre Derechos Humanos establece que «toda persona inculpada de delito tiene derecho a que se presuma su inocencia mientras no se establezca legalmente su culpabilidad».

62 GRÁNDEZ CASTRO, Pedro, «El derecho a la motivación de las sentencias y el control constitucional de la actividad judicial», en *El debido proceso. Estudios sobre derechos y garantías procesales*, Gaceta Jurídica, Lima, 2010, p. 243.

63 CASTILLO ALVA, José Luis, *Proscripción de la arbitrariedad y motivación*, Grijley, Lima, 2013, p. 77.

64 Ver la Sentencia recaída en el Exp. N° 06358-2008-PHC/TC (caso Azalea García Zegarra), del 30 de junio de 2010, donde cita diversa jurisprudencia en la que se ha pronunciado sobre la motivación y su carácter de derecho y garantía.

«**El derecho a la motivación de las resoluciones**, tal como ha tenido la oportunidad de precisar este Tribunal Constitucional (Exp. N°.05601-2006-PA/TCfj. 3)...**constituye una garantía fundamental** en los supuestos en que con la decisión emitida se afecta de manera negativa la esfera o situación jurídica de las personas. Así, toda decisión que carezca de una motivación adecuada, suficiente y congruente, constituirá una decisión arbitraria y, en consecuencia, será inconstitucional».

Como puede apreciarse, para la doctrina y la jurisprudencia, la motivación puede ser entendida como principio, derecho y garantía, lo cual puede producir cierta ambigüedad en su uso. Este uso, además, tendría efectos prácticos, puesto que catalogar, por ejemplo, a la motivación como derecho o garantía si tendría consecuencias distintas. Mientras en el primer caso, la motivación podría ser considerada como un fin en sí mismo; en el segundo caso, esta categoría sería instrumental respecto de un valor final, que sería la defensa de los derechos. Es sobre esa base que se evaluaría, entre otros aspectos, cómo se debe configurar la exigencia de motivación; su contenido mínimo; y, los defectos o errores que se puedan detectar al analizar la motivación de una sentencia. Por eso, consideramos que la clarificación conceptual de la motivación como un derecho o garantía si resultaría beneficioso para tener una mejor comprensión del papel que cumple este concepto dentro del ordenamiento jurídico[65].

Para tal efecto, en primer lugar, es necesario diferenciar qué se entiende por las categorías de derecho y garantía, a efectos de luego ver en cuál de éstas se ubicaría la motivación[66].

---

[65] Sobre la importancia práctica de clarificar conceptos que se utilizan de muy diversas maneras se puede revisar Núñez Vaquero, Alvaro, «Ciencia Jurídica: un mapa conceptual», en *Modelando la ciencia jurídica*, Palestra, Lima, 2014, pp. 13-51.

[66] En este trabajo se buscará responder las preguntas cómo se utiliza la motivación y para qué la motivación. Se tratará de evitar preguntas del tipo qué es la motivación, porque este tipo de preguntas podría dar a entender que la motivación existe independientemente de la práctica jurídica, lo cual no es posible. Tal como hemos visto, las instituciones jurídicas surgen como

a) ¿La motivación es un derecho o una garantía?

Para determinar si la motivación es un derecho o una garantía es necesario, en primer lugar, abordar qué se entiende por estos conceptos; luego de lo cual recién se podrá ubicar cuál es el papel de la motivación en ese entresijo de conceptos.

Imaginemos que una persona vive sola en una isla: ¿en este escenario tiene sentido que alguien diga que tiene derecho a algo? ¿Frente a quién se podría exigir ese algo? La expresión «derecho» nos remite siempre a algo que se puede exigir o reclamar. Para que ello sea posible es necesario que existan otras personas ante los cuales se pueda reclamar ese «derecho». Por el contrario, si una persona vive sola, ante quién se podría realizar ese reclamo.

Por ello, solo tiene sentido decir que "X" tiene derecho a "è" si es que es frente a algún «Y». De ahí, se puede inferir que el concepto «derecho» es un concepto relacional, esto es, refleja un vínculo entre, al menos, dos agentes. Después se verá que la relación se amplia, al menos, a tres agentes.

El contenido "è" del derecho estará referido a que se haga algo; o entregue algo o no se haga algo. Pero esa exigencia "è" no depende solo de la voluntad de «X», sino que debe sustentarse en alguna razón que justifique por qué «X» le pueda exigir ello a «Y»; lo cual, en última instancia, nos remitirá a razones de tipo moral. Por esa razón, un autor como DWORKIN señala que toda teoría sobre el contenido de los derechos necesita de una teoría moral y de filosofía política que le dé soporte[67].

respuesta a problemas que tienen la sociedad en un momento determinado. Su función es encausar una determinada respuesta que el poder político da a un cierto problema. Por tanto, al explorar un concepto jurídico resulta importante ver (i) cómo se encuentra regulada una institución jurídica o ver qué entienden los juristas sobre esa institución; (ii) identificar o clarificar cuál es el problema que trata de enfrentar esa institución; y, (iii) si esa regulación enfrenta adecuadamente ese problema.

67 La justificación de "è" nos remitirá a una teoría moral y política sobre cuáles son los derechos y deberes que nos tenemos entre las personas y la legitimidad de las instituciones políticas en una sociedad. En este trabajo, solo se dejará anotado que toda teoría de los derechos y de las instituciones requerirá acudir a una teoría de ese tipo, pero no entraremos a discutir ello porque superaría los límites del trabajo.

Gráfico N° 2

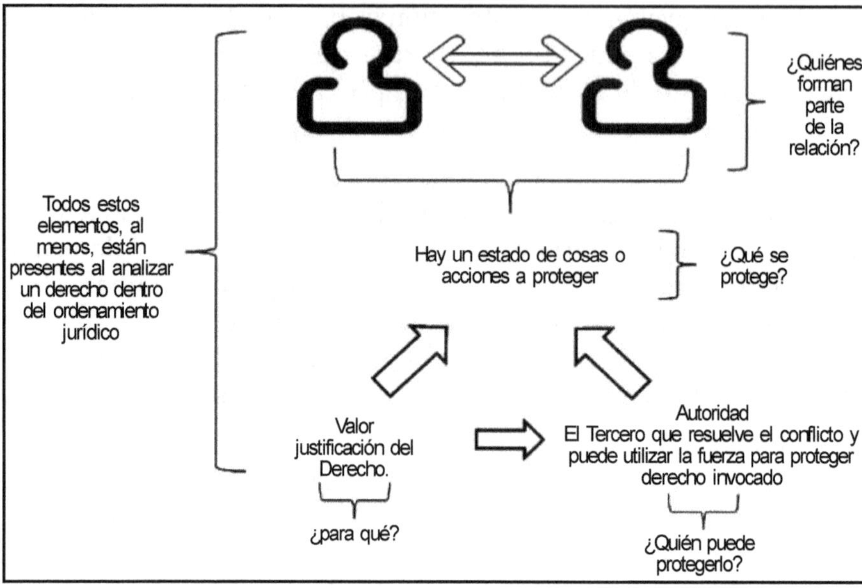

De otro lado, en caso «Y» considere que no tiene la obligación "θ" frente a «X», esta controversia debe ser dilucidada por un tercero «E», que determine quién tiene la razón: «X» o «Y». Ahora bien, para que la decisión de «E» sea válida, esta no debe responder solo a su sola voluntad, sino que le debe otorgar a ambas partes la posibilidad de que ellas puedan exponer sus argumentos, los cuales deben ser analizados y evaluados por la

---

Para mayor información, ver DWORKIN, Ronald, *Justice in Robes*, Belknap Press of Harvard University Press, Cambridge, Massachusetts, 2006, pp. 1-35 (Capítulo 1). En este capítulo, DWORKIN se pregunta si los valores morales están entre los criterios a los cuales el Juez debe acudir para determinar cuándo una determinada proposición es aplicable a un caso concreto. Para él, la respuesta es afirmativa y todo el libro estaría dedicado a demostrar ello: que la moral está entre los criterios que debe tener en cuenta un Juez al momento de determinar cuál es la norma aplicable y en qué sentido.
Desde nuestro punto de vista, al menos, en los Estados constitucionales, los valores morales si formarían parte de los criterios que debe tener en cuenta un Juez al interpretar un texto normativo. Ello, no significa que la moral sea el único criterio a tener en cuenta, pues es necesario tener en cuenta, entre otros, aspectos institucionales, sociales y políticos, pero todos ellos enmarcados dentro del marco moral.

autoridad al momento de decidir cuál de las dos partes tiene la razón. Lo anterior implica que, a su vez, al decidir quién tiene la razón, la autoridad dé razones donde muestre que analizó y evaluó los argumentos de las partes y, en función de ello, decidió quién tiene la razón.

Esta obligación de escuchar, analizar y evaluar los argumentos de las partes se debe al hecho de que «E» deriva su autoridad en que las partes le delegan la resolución de la controversia que mantienen entre sí, y será el único que podrá ordenar el uso de la fuerza para ejecutar su decisión. Ciertamente, se asume que las partes renuncian al uso propio de la fuerza para que sea un tercero el que disponga su uso, siempre luego de un debido procedimiento.

En ese sentido, al hacerse referencia a procedimientos para analizar los argumentos de las partes y a los instrumentos que se utilizarán para mostrar cómo se ha analizado, evaluado y decidido el caso, se está haciendo referencia al concepto de garantía. De acuerdo a FERRAJOLI, ««Garantía» es una expresión del léxico jurídico con la que se designa cualquier técnica normativa de tutela de un derecho subjetivo»[68]. En efecto, el procedimiento y la motivación son técnicas que sirven para proteger un derecho sustantivo; no son fines en sí mismos. Estas técnicas de protección de los derechos, a su vez, se pueden clasificar de la siguiente manera[69]:

> Llamaré *garantías primarias* o *sustanciales* a las garantías consistentes en las obligaciones o prohibiciones que corresponden a los derechos subjetivos garantizados. Llamaré *garantías secundarias* o *jurisdiccionales* a las obligaciones, por parte de los órganos judiciales, de aplicar la sanción o de declarar la nulidad cuando se constaten, en el primer caso, actos ilícitos y, en el segundo, actos no válidos que violen los derechos subjetivos y, con ellos, sus correspondientes garantías primarias.
>
> (Las cursivas son agregadas).

---

68 FERRAJOLI, Luigi, *Democracia y garantismo*, Trotta, Madrid, 2008, pp. 60 y ss. También el libro del mismo autor, *Principia Iuris*, Trotta, Madrid, 2011, pp. 186 y ss.

69 FERRAJOLI, Luigi, *Democracia y garantismo, op. cit.*, p. 64.

En este caso, el mecanismo mediante el cual se resuelve una controversia entre dos o más partes constituirá una garantía secundaria que consistirá en evaluar si se la conducta de «Y» ha vulnerado un derecho de «X». Si este fuera el caso, ordenará las medidas necesarias para proteger el derecho lesionado.

En la actualidad, a este mecanismo se le denomina «proceso». Este mecanismo es una garantía y, por tanto, es instrumental respecto de la cuestión de fondo que se discute y, en especial, respecto de los bienes jurídicos sustantivos discutidos en el proceso[70]. En efecto, como señala Priori, «el proceso es un instrumento fundamental para conseguir la tutela efectiva de las situaciones jurídicas de los particulares (...)[71]». En el mismo sentido, Humberto Ávila señala lo siguiente[72]:

> «El proceso, en ese sentido, es un instrumento de protección de los derechos fundamentales provenientes de la aplicación reflexiva de los principios -especialmente los de libertad y de igualdad- o de la incidencia de reglas. El proceso no es independiente de los derechos fundamentales que se pretende, verdadera o supuestamente, realizar. El proceso, en vez de ello, es un instrumento para la realización de esos mismos derechos. De ahí que se diga que es de la propia institución de los principios, por ejemplo, que surge el derecho a un proceso justo o adecuado».

Como puede apreciarse, en un Estado constitucional, el proceso es un instrumento que tiene como función proteger los derechos de

---

70 Sobre la diferencia entre valores instrumentales y finales y extrínsecos e intrínsecos se puede revisar. Zimmerman, Michael J., «Intrinsic vs. Extrinsic Value», en *The Stanford Encyclopedia of Philosophy*. Consulta: el 10 de enero de 2015: http://plato.stanford.edu/entries/value-intrinsic-extrinsic/

71 Priori, Giovanni, «La efectiva tutela jurisdiccional de las situaciones jurídicas materiales: hacia una necesaria reivindicación de los fines del proceso», en *Derecho Procesal Civil*, Jurista Editores / Ius et Veritas, 2009, p. 51.
En ese mismo sentido, Reynaldo Bustamante Alarcón señala que [el proceso] es «ese mecanismo protector de los derechos fundamentales». *Derechos fundamentales y proceso justo*, Lima, ARA Editores, 2001, p. 176.

72 Ávila, Humberto, «¿Qué es el debido proceso legal?», *en Revista Peruana de Derecho Procesal*, Año XVII, Librería Communitas, Lima, 2013, p. 117.

las personas. Por esa razón, el proceso y sus diversas instituciones deben ser analizados a la luz de cómo sirven para defender y proteger los derechos de las personas, dado que esa es su finalidad.

A continuación, se analizará la motivación de la resolución judicial, que es un elemento esencial de todo proceso dentro de un Estado Constitucional, como un instrumento que permita evaluar si los Jueces están cumpliendo su función de proteger y defender los derechos de las personas.

b) Aproximación de la institución de la motivación en el Estado Constitucional como una garantía

Tal como ha sido señalado, la motivación debe ser analizada como una garantía secundaria porque es un instrumento que permite saber cómo el Juez está ejerciendo la potestad que se le ha otorgado para proteger y defender los derechos de las personas. A continuación, se describirán algunas razones que se han esbozado en la doctrina para justificar por qué el Juez tiene el deber de fundamentar sus decisiones:

- **Razones para proteger valores últimos**[73]

a) **La motivación trata a las personas como seres dignos, esto es, seres morales y reflexivos:** mediante las razones expresadas en la decisión se justifica ante las personas

[73] Entendemos por razones de principio, aquellas que justifican en última instancia una determinada institución, sin que sea necesario retroceder más en la justificación. Estas razones por sí solas son suficiente para justificar por qué una determinada institución es valiosa para el ordenamiento, sin que tenga que remitirse a otro valor. Ahora bien, dado que siempre cabe la pregunta del «por qué algo es valioso» (el regreso al infinito), las partes y el Juez tienen que tener presente que ellos tratan de resolver el caso en un contexto político-jurídico.
Desde nuestro punto de vista, creemos que el Derecho tiene como finalidad resolver problemas dentro de un determinado contexto. En ese sentido, los actores en el proceso deben proveer razones que permitan saber cómo debe entenderse las instituciones jurídicas envueltas en el caso tratando de lograr la mayor coherencia con los demás valores que la Constitución garantiza.
En el contexto del Estado Constitucional, el contexto es la protección de los derechos individuales y la forma de interpretar las normas debe ser aquella que sea más compatible con ese objetivo.
Al respecto, sobre la posibilidad del regreso al infinito, ver ZIMMERMAN, Michael J., *op. cit.* Consulta: el 10 de enero de 2015: http://plato.stanford.edu/entries/value-intrinsic-extrinsic/

por qué una determinada pretensión se encontraba, o no, amparada en el ordenamiento jurídico.

Siguiendo en cierto modo a Duff, si el Estado busca tratar a un ciudadano como un agente racional y responsable, éste le debe ofrecer argumentos sobre por qué tal decisión se encuentra justificada en los valores del ordenamiento y, por tanto, debe ser acatada[74]. Esta concepción tiene una imagen del ser humano como un ser capaz de distinguir entre lo correcto e incorrecto y, además, de comportarse de acuerdo a lo primero. Es una visión idealizada del ser humano, pero importante porque si bien se le exige al Juez justificar sus decisiones, también se le exige a las personas a realizar un análisis crítico y sopesado de los argumentos de la decisión. Se le exige que la crítica esté dirigida hacia el contenido de la decisión, indicando cuáles son sus fallas y justificando el porqué de esos errores.

Cabe indicar que el Juez no tiene por qué expresar detalladamente en cada caso los argumentos de su decisión, sino que él puede remitirse a otras sentencias o documentos normativos de donde haya tomado parte de sus argumentos. Lo que tiene que asegurarse es que los ciudadanos tengan acceso a esos otros documentos. Ello, a efectos de evitar, por un lado, argumentaciones farragosas y densas y, por otro lado, que se recargue innecesariamente la labor de los jueces.

b) **La motivación también garantizaría un trato igualitario entre las personas**. Si las personas conocen cómo ha venido resolviendo la autoridad, ellas pueden exigirles que resuelva de la misma manera ante casos similares. Y

[74] Duff, R.A., «Legal Obligations and the Moral Nature of Law», (1980), *Juridical Review 25,* 61. Citado por Allan, T.S.R., «Procedural Fairness and the Duty of Respect», Review of «Due Process and Fair Procedures: A study of Administrative Procedures» de D.J. Galligan, *Oxford Journal of Legal Studies,* vol. 18, N° 3 (Autum, 1998), p. 504. Duff, R. A., *Trials and Punishments,* Cambridge University Press, Cambridge, p. 89.

si el Juez quiere cambiar de opinión, tendría que justificar ese apartamiento.

c) **Reforzamiento de la deliberación pública sobre los valores constitucionales:** Mediante la motivación se puede saber cuáles son los presupuestos valorativos, epistémicos y pragmáticos que tienen en cuenta los Jueces y, en general, las autoridades al decidir un caso. De esta manera, los ciudadanos podríamos analizar, evaluar y, si fuera el caso, contestar esas razones a efectos de determinar si éstas son adecuadas respecto de la forma de vida bajo la cual viviremos[75].

A esta función de la motivación también se le conoce como la función extraprocesal. En realidad, esta nomenclatura daría a entender que se trata de una función que no es propia del proceso. Sin embargo, ello no sería correcto, porque la labor de los jueces, en el Estado Constitucional, se encuentra en darle sentido a las normas en función a los valores constitucionales bajo los cuales vivimos[76].

Reconocer esta función como propia del proceso tendría sustento en el artículo 138 de la Constitución que establece que la potestad de administrar justicia emana del Pueblo y se ejerce por el Poder Judicial a través de sus órganos jerárquicos con arreglo a la Constitución y a las leyes. De la lectura de esta norma se puede inferir lo siguiente:

- Los jueces ejercen la potestad de juzgar en nombre del pueblo; por lo tanto, ellos deben dar cuenta de ese ejercicio a quienes le delegaron esa potestad, esto es, a la sociedad. La motivación es el mecanismo que le permite al Juez dar cuenta de cómo ejerce la potestad delegada y a los ciudadanos fiscalizar cómo el Juez está cumpliendo con esa potestad.

---

75 En un modo similar, COHEN, Mathilde, «The Rule of Law as the Rule of Reasons», pp. 12 y ss. Del archivo en pdf. El artículo se puede consultar en el siguiente enlace: http://papers.ssrn.com/sol3/papers.cfm?abstract_id=1518006.

76 Al respecto, ver FISS, Owen, «Foreword: the forms of justice», 93 *Harvard Law Review 1* (1979).

- La potestad de juzgar debe realizarse dentro del marco establecido en la Constitución y las leyes; razón por la cual el Juez no es libre de invocar cualquier razón para sustentar su decisión, sino solo aquellas que estén dentro del marco jurídico-valorativo recogido en nuestra Constitución. En ese sentido, cuando el Juez, en colaboración con las partes, interprete los textos normativos debe identificar «qué estado del mundo» se quiere proteger con esos valores; para qué nuestra sociedad los quiere proteger y, a partir de lo anterior, cuál es el sentido de la norma más acorde con esos valores y propósitos. Nuevamente, la motivación es el instrumento que permite saber cómo el Juez está ejerciendo la potestad otorgada, dentro del modelo del Estado Constitucional.

  La Constitución Política asume, además, que es posible justificar la validez externas de las premisas que forman parte de la argumentación que sustenta la decisión del Juez. Desde nuestro punto de vista, esa asunción es válida, al menos, en el caso de la cuestión fáctica. Por esa razón, es importante conocer cómo el Juez ha justificado la solidez de las premisas que le sirven de sustento para su decisión.

  Finalmente, para que la función extraprocesal realmente cumpla un papel de reforzamiento de la deliberación pública es necesario que los jueces redacten sus decisiones de la forma más sencilla y asequible posible a los ciudadanos. De esta manera, los ciudadanos podrán entender y, a partir de ello, analizar, evaluar y criticar las decisiones de los jueces. Este control democrático es de trascendencia para un adecuado funcionamiento de las instituciones.

- **Razones de tipo instrumentales para el proceso**

a) **Le permite a las propias partes controlar si el Juez ha analizado y evaluado sus argumentos y, si fuera el caso, impugnar su decisión:** en efecto, en el proceso se enfrentan, al menos, dos puntos de vista distintos los cuales deben ser analizados y sopesados por el Juez al resolver el caso. En caso contrario, la autoridad estaría mostrando cierto desdén por los argumentos de la persona[77].

La motivación se convierte en el instrumento que les permite a las partes analizar la estructura argumentativa de la decisión del Juez y, también, si sus argumentos fueron analizados y valorados. Si las partes observan que la argumentación del Juez es errada o no ha analizado sus argumentos, éstas podrían impugnar su decisión[78].

Ahora bien, si las partes deciden cuestionar la decisión de la autoridad (o desde el momento de justificar su pretensión) también deben ofrecer argumentos claros, relevantes, sólidos y sopesar los argumentos de su contraparte. En caso no lo hagan, el Juez está en la obligación de hacérselo notar. El deber de justificar una determinada posición no solo es deber del Juez, sino de todos quienes participan en el proceso. Si alguien sostiene una determinada postura, ésta debe proporcionar alguna razón que apoye su posición.

b) **Predictibilidad**: la motivación permitiría saber cómo resolverá el Juez en casos similares. Si el Juez consideró que una determinada forma de razonar un caso es correcta, esos mismos argumentos deben ser seguidos en casos similares. En caso se aparte de ese razonamiento, deberá

---

77 ALLAN, T.S.R., «Procedural Fairness and the Duty of Respect». Review of «Due Process and Fair Procedures. A study of Administrative Procedures» de D.J. GALLIGAN, *Oxford Journal of Legal Studies*, vol. 18, N° 3 (Autum, 1998), p. 500.

78 Conviene no confundir esta función instrumental con la función que tiene la motivación de tratar a las personas como seres reflexivos y morales. En su aspecto instrumental, le permite identificar, analizar y detectar posibles errores en los argumentos del Juez y, si fuera el caso, impugnar la decisión judicial a través de un recurso debidamente motivado. En el caso de tratar a las personas como seres reflexivos y morales se considera que las personas pueden distinguir lo correcto de lo incorrecto y lo justo de lo injusto; y que además pueden elaborar una argumentación sobre cómo han llegado a concluir que una acción o estado de cosas es correcta y/o justa.

dar razones de por qué el nuevo caso es diferente del anterior o por qué considera que su argumento anterior era errado.

c) **Autocontrol**: la justificación de la decisión permitiría que el Juez reflexione y medite su decisión, a efectos de no dejarse llevar por los prejuicios y sesgos que naturalmente todos los seres humanos tenemos.

Si bien la motivación de la decisión tienen estas ventajas, también es bueno indicar que justificar una decisión es una labor que implica una serie de costos para la autoridad (y, por ende, a la sociedad que es la que financia las labores estatales) tales como:

(i) **Requiere recursos humanos e infraestructura**: analizar, evaluar, contrastar, sopesar argumentos y redactar una decisión demanda una ingente cantidad de recursos materiales y humanos, que deben ser proporcionados por el Estado. Si el Estado no proporciona esos recursos, el funcionamiento del sistema de justicia se vería mermado.

(ii) **Tiempo**: la elaboración de la decisión demanda tiempo. Cuánto más elaborada la justificación, más tiempo se requerirá para elaborar la decisión.

(iii) **Efectos sobre terceros:** el tiempo y recursos que se dedican a la justificación de un caso son recursos que no se dedicarán a la tramitación de otros casos. Así, cuánto más recursos se dedique a un caso, menos recursos se podrán dedicar a otros casos. Siempre habrá un *trade-off* (o sacrificio) entre la calidad de una decisión, el tiempo y los costos que debe tener en cuenta la autoridad al evaluar cómo resolverá un caso.

De acuerdo a lo señalado, si bien la exigencia de la motivación se justifica en la protección de los derechos de las personas, promoción de la deliberación pública y un adecuado control de la actividad judicial, también es importante reconocer que ello acarreará una serie de costos al Estado y a las partes que deben ser tomados en cuenta al decidir cuál debe ser el estándar institucional que se exigirá al evaluar la motivación de una decisión. De esta manera, se podrían establecer lo siguiente:

(i) Una primera aproximación es que la motivación de una decisión debe ser producto de todo el sistema. De acuerdo a Mathilde COHEN, lo que importa no es que cada actor en el ordenamiento jurídico dé razones detalladas del razonamiento seguido para resolver un caso, sino que el sistema le garantice a los ciudadanos saber cuáles fueron las razones que justifican cada una de las premisas que componen una decisión[79].

Así, por ejemplo, con relación a las premisas normativas, se puede acudir a precedentes, exposiciones de motivos, lineamientos, entre otras técnicas, que permitan a las partes saber por qué se interpreta de una determinada manera un texto normativo. El Juez no tiene por qué desarrollar en cada caso cómo interpreta un texto normativo, sino que puede remitir su argumentación a dichos instrumentos. Lo importante es que las partes sepan cuál es el conjunto de razones que justifican una determinada interpretación.

(ii) Las partes deben colaborar en la claridad, delimitación y precisión de sus argumentos. Si ellas no cumplen con ese deber, el Juez debería evaluar la posibilidad de rechazar su escrito. El deber de argumentar no solo le corresponde a la autoridad, sino también a las partes. Son ellas las primeras que deben aportar razones para la justificación de su pretensión.

De acuerdo a lo anterior, si los argumentos de las partes son oscuros, imprecisos, vagos o insuficientes, esos defectos harán que el sistema no funcione adecuadamente. En ese sentido, antes de que al sistema ingrese una demanda o denuncia deficitaria resultaría importante que el Juez la detecte, pida que sea subsanada y, en caso no se cumpla con ese requerimiento, rechace el escrito.

---

[79] COHEN, Mathilde, *op. cit.*, p. 4, del archivo en pdf.

Sin embargo, ello no significa que el sistema se desatienda de la parte que no pueda cumplir con ese estándar. Para ello, se podrían crear entidades de asistencia para las partes que no puedan costear sus defensas.

(iii) Se deben establecer mecanismos que permitan simplificar la argumentación, tales como carga de la prueba, presunciones y estándares de decisión que le indiquen al Juez como decidir ante falta de información.

(iv) Desarrollar esquemas de razonamiento y herramientas que le permitan al Juez estructurar su sentencia de manera tal que pueda ser reconocible lo siguiente: (a) cuál es la tesis que defiende en su decisión; (b) cuáles son los argumentos que sustentan su tesis; y, (c) la ilación entre sus argumentos que permita analizar y evaluar la relación entre estos.

El objetivo es que el Juez tenga una metodología que le permita saber cómo resolver la controversia que se encuentra bajo su competencia. También esta metodología permitirá el control por los terceros sobre el razonamiento seguido por el Juez. De esta manera, se contribuye a la labor de análisis y evaluación de los argumentos por parte de todos los actores interesados en la forma como se resuelve el caso.

El presente trabajo trata de ser una contribución en este último punto que creemos resulta sumamente importante en el Estado Constitucional donde la legitimidad de una decisión depende de su justificación. Para ello, hay que dotarle a la autoridad de los criterios y herramientas necesarias para realizar bien esa labor y, a su vez, los ciudadanos también deben estar en capacidad de poder analizar y evaluar críticamente la argumentación de las decisiones de la autoridad.

1.5. ¿Existe una metodología de análisis de la cuestión fáctica en el ordenamiento jurídico peruano?

Si lo anterior es correcto, lo que a continuación correspondería es investigar si en el Derecho Peruano existen criterios normativos o jurisprudenciales que orienten a los jueces en **cómo** justificar sus decisiones, tanto a nivel de los pasos como de los criterios que se deben tener en cuenta en cada etapa.

Si por una metodología entendemos tanto una secuencia de pasos que debe seguir el Juez para demostrar que «H» como los criterios explícitos que se deben tener en cuenta para resolver el problema involucrado en cada etapa del análisis, nuestra hipótesis es que ello no existe a nivel normativo ni jurisprudencial en el Derecho peruano. Lo anterior no implica que no existan normas ni criterios jurisprudenciales que esbocen algunas nociones que deben tener en cuenta los juzgadores al justificar su decisión[80]; sin embargo, esas pautas tienen problemas tales como:

(i) no se encuentran debidamente sistematizados;

(ii) son, en muchos casos, demasiados vagos o ambiguos para servir de guía al Juez; y,

(iii) existen contradicciones entre las normas que establecen cómo se debe justificar una sentencia o, peor aún, el contenido de algunos de esos criterios atentan contra la calidad epistémica de la justificación de la cuestión fáctica.

A continuación daremos una serie de razones que sustentarán nuestra posición respecto a la inexistencia de una metodología en el Derecho peruano sobre cómo justificar la cuestión fáctica de un caso. Para tal efecto, empezaremos mostrando cómo se encuentra regulada la justificación de la cuestión fáctica a nivel normativo.

1.5.1. Normativa que regula la motivación de la cuestión fáctica

Código Procesal Civil

Artículo 197.-Todos los medios probatorios son valorados por el Juez en forma conjunta, utilizando su apreciación

[80] Para el caso mexicano, ver Leonel CASTILLO GONZALEZ, presentación al libro de TARUFFO, Michele, *La motivación de la sentencia civil*, en especial, ver la p. XI.

razonada. Sin embargo, en la resolución sólo serán expresadas las valoraciones esenciales y determinantes que sustentan su decisión.

Código Procesal Penal:

Artículo 393° Normas para la deliberación y votación.-

(...)

2. El Juez Penal para la apreciación de las pruebas procederá primero a examinarlas individualmente y luego conjuntamente con las demás. La valoración probatoria respetará las reglas de la sana crítica, especialmente conforme a los principios de la lógica, las máximas de la experiencia y los conocimientos científicos.

Como puede apreciarse, el artículo 197 del Código Procesal Civil no sirve para orientar al Juez porque no señala en qué consiste la apreciación razonada de todos los medios probatorios. Esta norma, además, confunde el análisis y evaluación de cada medio probatorio con el análisis en conjunto de los hechos probados a partir de los medios probatorios.

El artículo 393 del Código Procesal Penal si bien tiene una redacción inicial mejor, luego comete el mismo error que el artículo 197 antes citado. Esta norma indica que cada prueba se evaluará individualmente, lo cual es correcto, pero luego indica que cada prueba se evaluará conjuntamente con las demás.

En este punto cabe preguntarse lo siguiente: ¿cómo el medio probatorio 1 que se ofrece para probar el hecho 1 sirve para probar el hecho 2 o para reforzar la fuerza probatoria del medio probatorio ofrecido para acreditar este último hecho?

Desde nuestro punto de vista, es correcto distinguir entre el análisis individual de cada medio probatorio para probar un determinado hecho del análisis conjunto de todos los hechos probados en función a las hipótesis en competencia en el proceso. En el Gráfico N° 3 se ilustra con mayor precisión este argumento.

Gráfico N° 3

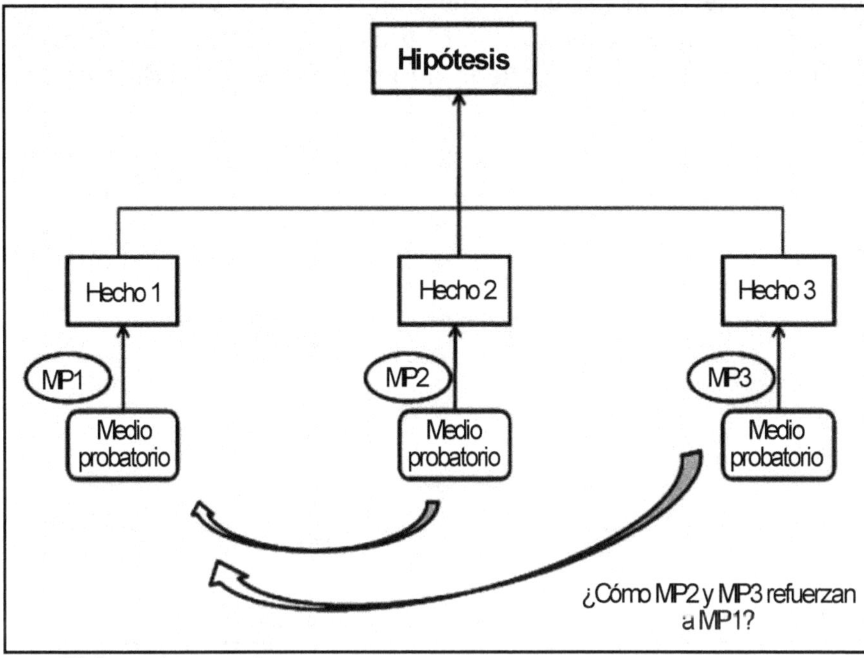

Elaboración propia.

Como puede apreciarse, el MP1 sirve para acreditar el hecho 1 (h1); el MP2, el hecho 2 (h2); y, el MP3, el hecho 3 (h3). Del hecho de que el MP2 acredite h2 no se puede sostener que el MP1 aumente su valor probatorio del hecho 1. La solidez de este hecho depende solo de los MPs ofrecidos para su probanza; no de MPs ofrecidos para probar otros hechos.

Si el problema fuera solo una confusión conceptual, sin mayores consecuencias prácticas, no habría problemas. Sin embargo, en este caso si existen consecuencias prácticas porque la norma autoriza a los jueces a que recurran a una argumentación «holística» o de «conjunto» entre medios probatorios ofrecidos para probar hechos distintos entre sí, lo cual como hemos visto es incorrecto.

En rigor, es recién luego de que determine cuáles son los hechos probados del caso que se debe analizar cuál de la hipótesis en competencia puede explicar su ocurrencia. Así, la hipótesis que pueda explicar todos los hechos del caso es la que se deberá tener por cierta. Si existen varias que pueden explicar los hechos del caso, entonces se recurrirá a figuras como la carga de la prueba y estándares probatorios que indiquen cómo se procederá en este tipo de situaciones.

Gráfico N° 4

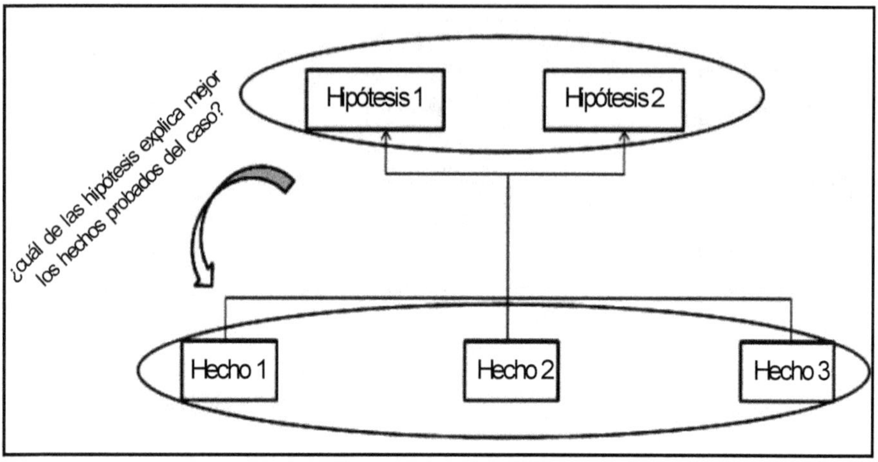

De otro lado, la redacción del artículo 393 del Código Procesal Penal indica que la valoración probatoria respetará las reglas de la lógica, las máximas de la experiencia y los conocimientos científicos, mas no se indica, posteriormente, cómo se utilizará esas reglas, máximas y conocimientos y si hay una precedencia entre ellas.

Código Procesal Penal

Artículo 394° Requisitos de la sentencia.- La sentencia contendrá:

(…)

3. La motivación clara, lógica y completa de cada uno de los hechos y circunstancias que se dan por probadas o improbadas, y la valoración de la prueba que la sustenta, con indicación del razonamiento que la justifique;

(...) .

Nueva Ley Procesal de Trabajo

Artículo 31°.- Contenido de la sentencia

El juez recoge los fundamentos de hecho y de derecho esenciales para motivar su decisión. La existencia de hechos admitidos no enerva la necesidad de fundamentar la sentencia en derecho.

Al igual que las normas antes citadas, esta norma regula qué aspectos deben estar incluidos en la motivación, mas no indica cómo se realizará la labor de justificación de la decisión. Estas normas no orientan acerca de cómo fundamentar la hipótesis que se dará, o no, por cierta en función a la evidencia existente en el proceso. Por ello, estas normas son de poca ayuda para el Juez respecto de **cómo** justificar su decisión sobre la cuestión fáctica.

1.5.2. Criterios jurisprudenciales y acuerdos plenarios sobre la cuestión fáctica

A nivel de la jurisprudencia, la situación tampoco es mucho más promisoria en el sentido de que se hayan establecido una metodología sobre cómo se debe justificar si un hecho ocurrió o no. A continuación se mostrarán algunos acuerdos plenarios y sentencias del Poder Judicial que ilustrarán nuestra posición.

a) **Acuerdo Plenario N° 6-2011/CJ-116,** del 6 de diciembre de 2011, que trata sobre la motivación escrita de las resoluciones judiciales y el principio de oralidad: necesidad y forma. En este acuerdo se establece lo siguiente:

   Fundamento 11: (...)

   La suficiencia de la misma -analizada desde el caso concreto, no apriorísticamente- requerirá que el razonamiento que contenga, constituya lógica y jurídicamente, **suficiente explicación que permita conocer, aún de manera implícita, los criterios fácticos y jurídicos esenciales fundamentadores de la decisión. Basta, entonces, que el órgano jurisdiccional exteriorice su proceso valorativo en términos que permitan conocer las líneas generales que fundamentan su decisión**. La extensión de la motivación, en todo caso, está condicionada

> a la mayor o menor complejidad de las cuestiones objeto de resolución, esto es, a su trascendencia.
>
> Fundamento 12:
>
> 12°. En función a lo anterior, es evidente que, la motivación, desde la perspectiva del deber de exhaustividad -decisión razonada del derecho vigente con relación a la pretensión esgrimida, de todos los puntos litigiosos, y en función de los hechos probados en el proceso-, tendrá lugar cuando la resolución judicial: 1. Carece llanamente de motivación, es decir, omite pronunciarse sobre las pretensiones y resistencias relevantes formuladas por las partes e impide conocer el desarrollo del juicio mental realizado por el juez y cuya conclusión es el fallo que pronuncia. 2. Es notoriamente insuficiente, vale decir, no se apoya en razones que permitan conocer cuáles han sido los criterios jurídicos esenciales que la fundamentan, cuya apreciación está en función al caso concreto. 3. Es arbitraria por ilógica, incoherente, incomprensible o contradictoria (supuestos de motivación aparente) -desconexión entre motivación y decisión, o ausencia de coherencia interna de la resolución-.
>
> En vía de impugnación, la sentencia de vista o la de casación exige una contestación individualizada a la motivación del recurso o a la pretensión impugnativa, aunque la motivación por remisión o implícita es tolerable en la medida en que la parte de la decisión objeto de remisión esté razonablemente fundamentada -criterio establecido en la Casación N° 05-2007/Huaura-.

Los fundamentos 11 y 12 solo le establecen al Juez qué tiene que hacer, mas no le indican **cómo** hacerlo. En efecto, estos fundamentos solo le dicen al Juez que exteriorice cuáles han sido los criterios fácticos y jurídicos que fundamentan su decisión. No se le indica **cómo** o **cuál** es el proceso que debe seguir para justificar su decisión respecto de la verdad y corrección de sus premisas.

Una posible explicación de lo anterior es que el acuerdo adopta una concepción explicativa-escéptica del razonamiento judicial, tal como ha sido explicado en el literal a.ii del punto 1.2. de la presente investigación. Si no es posible justificar la verdad o la corrección de las premisas, entonces lo único que se le puede pedir al Juez es que su decisión no sea contradictoria.

Sobre la verdad o corrección de las premisas no es posible discusión racional alguna, sino solo adhesión; por tanto no es que el Juez haya cometido algún error de análisis de los argumentos de las partes, sino que no adhiere a las premisas. Si esta fuera la posición de trasfondo de este acuerdo plenario, esa argumentación sería inconstitucional porque nuestra Constitución si asume una concepción racionalista de la justificación de la decisión judicial. Además, en cuestiones de hecho si es posible justificar la verdad de la cuestión fáctica, razón por la cual si debe haber un control sobre la justificación de esas premisas de la argumentación de la resolución judicial.

Es muy probable que debido al escepticismo o a la falta de conocimiento sobre cómo justificar la verdad de la cuestión fáctica, los Jueces no hayan podido elaborar un método que los oriente en esa tarea. Es posible también que exista un optimismo de que los seres humanos seamos capaces de analizar y evaluar la evidencia de un caso sin ayuda alguna. Más adelante, se evaluará esta posibilidad.

b) Sentencia del Tribunal Constitucional recaída en el expediente N° 00728-2008-PHC/TC (Caso Llamoja)

Esta sentencia desarrolla, básicamente, una serie de criterios para indicar cuándo una resolución no habría cumplido con el deber de motivación exigido por la Constitución; sin embargo, no indica cómo se debe realizar la justificación de la sentencia.

(...)

7. El derecho a la debida motivación de las resoluciones judiciales es una garantía del justiciable frente a la arbitrariedad judicial y garantiza que las resoluciones no se encuentren justificadas en el mero capricho de los magistrados, sino en datos objetivos que proporciona el ordenamiento jurídico o los que se derivan del caso. Sin

embargo, no todo ni cualquier error en el que eventualmente incurra una resolución judicial constituye automáticamente la violación del contenido constitucionalmente protegido del derecho a la motivación de las resoluciones judiciales.

(...)

Luego de ese fundamento, desarrolla una serie de supuestos bajo los cuales el Juez no cumpliría con su deber de motivar su decisión, los que se detallan a continuación:

a) Inexistencia de motivación o motivación aparente.
b) Falta de motivación interna del razonamiento.
c) Deficiencias en la motivación externa; justificación de las premisas
d) La motivación insuficiente.
e) La motivación sustancialmente incongruente

Sin entrar a mayor detalle sobre el análisis de cada uno de estos supuestos que, en algunos casos, son contradictorios entre sí o redundantes, dichos supuestos no indican **cómo** se realiza la justificación de la sentencia. Así, por ejemplo, no se indica lo siguiente:

a) Cómo se organiza y presenta la información del caso para estructurar la decisión;
b) Cómo se debe realizar el proceso de análisis y encadenamiento de las razones en el desarrollo de la argumentación;
c) Qué criterios se deberán tener en cuenta para analizar y evaluar la validez y solidez de las razones ofrecidas para sostener que una determinada hipótesis se encuentra probada.

No es suficiente con indicar cuándo una argumentación es defectuosa, sino que se deben ofrecer pautas y criterios para saber cómo analizar y evaluar los argumentos que permitirán resolver las cuestiones controvertidas en un caso. En efecto, primero se debe establecer cómo se construye una argumentación válida y sólida; y luego se puede indicar cuándo una argumentación no reunirá esos criterios.

c) R. N. Nº 1912-2005 PIURA de la Sala Penal Permanente de la Corte Suprema de Justicia de la Sala Penal (caso Romero Páucar)

En esta resolución se analiza la utilización de indicios y cómo estos podrían probar el delito imputado. El fundamento cuarto ha sido declarado como precedente vinculante.

(...)

Cuarto: Que, según lo expuesto inicialmente, la Sala sentenciadora sustentó la condena en una evaluación de la prueba indiciaria, sin embargo, como se advierte de lo expuesto precedentemente, no respetó los requisitos materiales legitimadores, única manera que permite enervar el derecho a la presunción de inocencia; que sobre el particular, por ejemplo, se tiene lo expuesto por el Tribunal Europeo de Derechos Humanos, en doctrina que se comparte, que la prueba por indicios no se opone a esa institución [Asuntos Pahm Hoang contra Francia, sentencia del veinticinco de setiembre de mil novecientos noventa y dos, y Telfner contra Austria, sentencia del veinte de marzo de dos mil uno]; que, en efecto, materialmente, los requisitos que han de cumplirse están en función tanto al indicio, en sí mismo, como a la deducción o inferencia, respecto de los cuales ha de tenerse el cuidado debido, en tanto que lo característico de esta prueba es que su objeto no es directamente el hecho constitutivo del delito, tal y como está regulado en la ley penal, sino otro hecho intermedio que permite llegar al primero por medio de un razonamiento basado en el nexo causal y lógico existente entre los hechos probados y los que se tratan de probar; que, respecto al indicio, (a) éste -hecho base- ha de estar plenamente probado -por los diversos medios de prueba que autoriza la ley-, pues de lo contrario sería una mera sospecha sin sustento real alguno, (b) deben ser plurales, o excepcionalmente únicos pero de una singular fuerza acreditativa, (c) también concomitantes al hecho que se trata de probar -los indicios deben ser periféricos respecto al dato fáctico a probar, y desde luego no todos lo son- y (d) y deben estar interrelacionados, cuando sean varios, de modo que se refuercen entre sí y que no excluyan el hecho consecuencia -no sólo se trata de suministrar indicios, sino que estén imbricados entre sí-; que es de acotar que no todos los indicios tienen el mismo valor, pues en función a la mayor o menor posibilidad de alternativas diversas de la configuración de los hechos -ello está en función al nivel de aproximación respecto al dato fáctico a probar- pueden clasificarse en débiles y fuertes, en que los primeros únicamente tienen un valor acompañante y dependiente de los indicios fuertes, y solos no tienen fuerza suficiente para excluir la posibilidad de que los hechos hayan ocurrido de otra manera -esa es, por ejemplo, la doctrina legal sentada por el Tribunal Supremo Español en la Sentencia del veinticinco de octubre de mil novecientos noventa y nueve que aquí se suscribe-; que, en lo atinente a la inducción o inferencia, es necesario que sea razonable, esto es, que responda plenamente a las reglas de la lógica y de la experiencia, de suerte que de los indicios surja el hecho consecuencia y que entre ambos exista un enlace preciso y directo.

En este fundamento se indica los criterios que se deben tener en cuenta para sustentar una condena en base a la prueba indiciaria. Para ello, se ofrecen una serie de criterios; pero que son demasiados vagos para servir como una guía útil al momento de analizar y evaluar si los hechos probados de un caso permiten probar la hipótesis de la acusación.

d) Acuerdo plenario 1-2011/CJ-116 emitido en el VII Pleno jurisdiccional de las salas permanentes y transitorias de la Corte Suprema se establece lo siguiente sobre la valoración de las pruebas

28º. El Juez es soberano en la apreciación de la prueba. Ésta, empero, no puede llevarse a cabo sin limitación ni control alguno. Sobre la base de una actividad probatoria concreta - nadie puede ser condenado sin pruebas y que éstas sean de cargo-, y jurídicamente correcta -las pruebas han de ser practicadas con todas y cada una de las garantías que le son propias y legalmente exigibles-, **se ha de llevar a cabo con arreglo a las normas de la lógica, máximas de la experiencia -determinadas desde parámetros objetivos- y los conocimientos científicos; es decir, a partir de la sana crítica, razonándola debidamente** (principio de libre valoración con pleno respeto de la garantía genérica de presunción de inocencia: artículos VIII TP, 158°.1 y 393°.2 NCPP).

29°. La selección y admisión de la prueba en el proceso penal se informa del **principio de pertinencia de la prueba** -de expresa relevancia convencional-, así como los **principios de necesidad** -que rechaza la prueba sobreabundante o redundante-, conducencia o idoneidad, y utilidad o relevancia. El primero exige la vinculación lógico-jurídica entre el objeto de prueba y el medio de prueba. Tal circunstancia no cambia para el caso del procesamiento de delitos sexuales, donde es en función de las particularidades situacionales del hecho sexual que se distingue, escoge y prefiere entre los distintos medios de prueba que se tienen al alcance para determinar, confirmar o rechazar la tesis inculpatoria objeto de prueba.

Si bien este acuerdo plenario si da algunas luces sobre cómo se deben analizar ciertas pruebas[81], los principios que deben tenerse en cuenta para su análisis y los criterio para la valoración de las pruebas actuadas [en rigor, creemos que se hace referencia a la valoración de los hechos probados] todavía no orienta al Juez respecto de cómo debe justificar su decisión, al menos, por lo siguiente:

(i) No se indica cómo se debe estructurar el razonamiento a seguir para una sustentar la tesis que se dará por cierta;

(ii) no se indica cada uno de los aspectos a analizar para garantizar la confiabilidad del contenido de un medio probatorio;

(iii) se confunde la valoración conjunta de los hechos con la de los medios probatorios; y,

81 Ver fundamentos 24 y 26 del acuerdo plenario.

(iv) no se indica cómo se realiza el proceso de valoración conjunta de los hechos.

Ciertamente, los aspectos mencionados resultan cruciales para realizar una adecuada justificación de la cuestión fáctica de un proceso, motivo por el cual la falta de desarrollo de esos aspectos no permite saber cómo se realizar esa tarea.

A modo de conclusión

En este pequeño recorrido por diversos materiales jurídicos (normas procesales, jurisprudencia y acuerdos plenarios) que componen nuestro ordenamiento jurídico se puede observar que no existe un método y criterios que guíen al Juez respecto de cómo justificar su decisión. Tal como ya ha sido señalado, esta investigación sí considera que una metodología y criterios para analizar la evidencia son trascendentales para orientar y controlar la argumentación de los jueces sobre la cuestión fáctica.

La razón de tener una metodología y criterios que orienten en la justificación de la decisión tiene un propósito doble: (i) pueda saber qué pasos y criterios debe tener en cuenta para justificar su decisión; y, (ii) el control por las partes y la ciudadanía. Si es que no estructura reconocible respecto de cada uno de los pasos que ha seguido el Juez para sustentar su decisión y qué criterios tuvo en cuenta en cada etapa, la labor de análisis y evaluación del razonamiento del Juez no será posible.

En virtud de lo anterior, consideramos también que si esa estructura de argumentación no es reconocible, la decisión no sería válida y, por tanto, nula. En efecto, tal como hemos señalado anteriormente, en el Estado Constitucional, la decisión de la autoridad no se justifica solo en ser una autoridad, sino en que los hechos que se dan por cierto lo son y en que la decisión adoptada a partir de lo anterior es acorde con los valores constitucionales.

Sin embargo, antes de adentrarse a esa tarea, se darán razones respecto de que la existencia de la realidad es independiente de nuestra mente (la cuestión ontológica) y que podemos conocer esa realidad (la cuestión epistemológica). La validez de ambos aspectos son presupuestos de la cuestión metodológica.

Capítulo 2
Hacia un esquema de razonamiento y herramientas que permitan justificar los hechos de un caso

Tal como señalo en el capítulo 1, el ordenamiento jurídico peruano adopta una concepción racionalista-democrática de la motivación de la decisión judicial, motivo por el cual el Juez debe dar razones que justifiquen tanto la verdad (en la cuestión fáctica) como la corrección (en la cuestión normativa) de las premisas que integran su argumentación. Esta argumentación, además, debe ser justificada ante las partes y, sobre todo, la ciudadanía porque la potestad de juzgar proviene del pueblo, pero cuyo ejercicio se encuentra delegado a los jueces.

Este capítulo tratará sobre la necesidad de contar una metodología que le permita al Juez analizar y evaluar los hechos de un caso y, de ese modo, contar con una serie de pasos y criterios que le permitan luego justificar racionalmente su decisión. Asimismo, la explicitación de esta metodología permitirá que las partes y los ciudadanos puedan controlar la argumentación de la decisión.

A continuación se empezará a desarrollar la argumentación que permitirá justificar nuestra propuesta metodológica.

2.1. Una defensa crítica de la realidad (sobre su existencia y posibilidad de conocimiento)

Como ya ha sido mencionado, la cuestión fáctica discutida en un proceso tiene que ver con el conocimiento de un determinado evento pasado. En efecto, si un Juez afirma que «H» («H» podría significar, en el contexto de un proceso penal, que «X», intencionalmente, le disparó a «Y», y lo mató) es porque considera que «H» ocurrió en la realidad. La verdad o falsedad de esa proposición no depende de la creencia del Juez, sino de si

«H» es verdad. Distinto es cómo logramos conocer ese evento. Por ello, siempre debemos aspirar a llegar a conocer «H» y nuestro esfuerzo debe estar en desarrollar un método que nos permita conocer que «H» y luego justificar esta creencia frente a las partes y los ciudadanos.

Sin embargo, la dificultad y falta de seguridad respecto de si conocemos la realidad puede llevar, en el extremo, a posiciones escépticas acerca de si existe una realidad independiente de nuestra mente o, en casos menos extremos, a dudar de que se pueda conocer la realidad. Desde nuestro punto de vista, hay buenas razones para considerar que ambas posiciones son equivocadas; ello sin negar las dificultades que, efectivamente, existen para conocer la realidad.

Con relación al primer punto, las razones que se han esbozado, entre otras, para defender que existe una realidad independiente de los seres humanos y que es posible conocerla son las siguientes:

(i) **El argumento del milagro**: de acuerdo a Putnam, «el realismo es la única teoría filosófica [a diferencia del idealismo, por ejemplo] que no hace del éxito de la ciencia un milagro»[82]. Este argumento empieza, de acuerdo a Chakravartty, señalando que nuestras mejores teorías científicas son bastantes exitosas y tienen un gran poder explicativo sobre lo que sucede en el mundo. Por ello, se podría defender que son verdaderas (tentativa o provisionalmente hasta que aparezca una teoría con un mayor poder explicativo). Esto implica que lo que ocurre alrededor nuestro no es dependiente de nuestra mente, sino de que hemos logrado esbozar una teoría explicativa de la realidad[83]. Si no fuera así, ¿a qué se debería el éxito que han logrado las ciencias? ¿Solo a un milagro o a la buena suerte? Por ello, si de elegir se

[82] Putnam, H., *Mathematics, Matter and Method,* Cambridge University Press, Cambridge, 1975. Citado por Chakravartty, Anjan, *Scientific Realism, The Stanford Encyclopedia of Philosophy,* 2013.

[83] Chakravartty, Anjan, *loc. cit.*

trata a la luz de nuestra experiencia, el realismo tendría un mayor poder explicativo que la teoría del milagro o de la buena suerte[84].

Ciertamente, lo anterior no significa que nuestro conocimiento sobre la realidad sea infalible. Por el contrario, es provisional, tentativo o falible, debido a que nuestro conocimiento va progresando con el tiempo y vamos mejorando nuestra capacidad de análisis de la realidad. Aceptar que nuestro conocimiento es aproximativo y provisional sobre la realidad no significa que no conozcamos nada sobre la realidad, sino cómo se explican los avances que hemos logrado sobre el mundo.

Esta debería ser la actitud que siempre debemos tener cuando afirmemos que conocemos que «H»: tengo razones suficientes para justificar que «H», pero estoy siempre dispuesto a revisar mi creencia sobre «H» si es que me ofrecen buenas razones de que estoy equivocado. La posición falibilista debe ser tomada en serio en el Derecho y ver qué implicancias tendría, por ejemplo, sobre la cosa juzgada; la revisión de las leyes, etc. Esta posición nos exige **cautela** frente a nuestras explicaciones; **mente abierta** frente a los argumentos de los otros; **apertura** en el diálogo y una **actitud crítica** en el intercambio de ideas, a efectos de que cada vez más podamos aproximarnos más al conocimiento del mundo.

(ii) **La corroboración**: Si en virtud a diferentes medios, independientes entre sí, se corrobora la existencia de un determinado evento «H», entonces se tendría elementos de juicio fuertes respecto de que «H». Si diversos medios acreditan que «H» es porque «H» efectivamente ocurrió y esos medios son la expresión de que el evento que investigamos ocurrió en la realidad. Lo otro significaría creer que es el azar, la coincidencia o alguien o algo está

---

[84] En un sentido similar se puede leer a Karl POPPER (1970), «El realismo», en POPPER, *Escritos selectos*, Fondo de Cultura Económica, México, 1970, pp. 237 y ss.

haciendo que creamos que «H» ocurrió[85]. No negamos que esto último pueda ocurrir, pero la carga de la prueba recae en aquellos que afirman que es el azar, la coincidencia o la manipulación de algo o alguien los que está provocando que creamos que conocemos algo cuando ello no es así.

Sin embargo, un aspecto que si debe tomar en consideración del argumento del azar o la conspiración sobre nuestro conocimiento de la realidad es que debemos buscar pruebas creíbles, diversas e independientes entre sí, que eliminen, en la medida de lo posible, la hipótesis del azar o la conspiración.

(iii)Selectividad. Si bien resulta bastante discutible que se pueda conocer cómo funciona toda la realidad, si se tienen teorías que resultan bastante explicativas de ciertos espacios de la realidad. En efecto, si bien puede ser discutible que se puedan alcanzar teorías que expliquen toda la realidad, si se puede tener teorías «locales» o «de ciertos ámbitos» de la realidad que pueden ayudarnos a explicar si «H».

Estos argumentos permitirían justificar que existe una realidad física o natural que no depende de nosotros y que sí es posible conocerla. El problema no se ubicaría tanto en su existencia y su posibilidad de conocimiento, sino en **cuán confiable** es el conocimiento de esa realidad. En el caso del Derecho, éste sería el principal problema al resolver un caso: qué tan confiable es la evidencia a efectos de dar por cierta una determinada hipótesis. Un segundo problema derivado del anterior consiste en **cómo** dar cuenta de ese conocimiento. Estas dos preguntas serán abordadas en la sección 2.4. de la presente investigación.

---

[85] Lo que habría que verificar es que, efectivamente, la fuente de nuestras creencias sean independientes entre sí y que cada una de ellas son en sí mismas es sólida.

Sin perjuicio de lo anterior, debe indicarse que toda teoría normativa sobre como un Juez debe justificar que «H» debe tener en cuenta tanto a este actor como la problemática que representa el análisis y evaluación del material probatorio en sí mismo. Al sujeto cognoscente, el Juez[86], porque será él quien deberá realizar las acciones necesarias para justificar que «H» o «¬H». Con relación al material probatorio, porque será sobre éste que el Juez realizará su análisis y evaluación de si «H» se encuentra o no probada. Es a partir de ambos aspectos que se debe construir una teoría que le permita a los Jueces justificar, racionalmente, que hay evidencia suficiente de que «H» es la hipótesis más explicativa del caso.

2.2. La complejidad del análisis de la evidencia de un caso y la capacidad racional y epistémica del Juez para realizar esa tarea

Generalmente, se asume que los Jueces analizarán y evaluarán los hechos de un caso racionalmente y, por eso, solo sería suficiente con exigirles que fundamenten su sentencia con los principios de la lógica, las máximas de la experiencia y los conocimientos científicos[87]. Se cree que los jueces podrán, naturalmente, justificar la decisión que adopten sobre la cuestión fáctica.

Sin embargo, esta asunción es falsa si se asume que los seres humanos estamos capacitados, **naturalmente**, para resolver problemas complejos. Estudios recientes[88]sobre la

86 Desde mi punto de vista, deberíamos cambiar nuestra visión hacia el Juzgado o el órgano resolutor como la entidad encargada de que sus integrantes puedan justificar que «H». Si bien son los seres humanos los que conocen que «H», el órgano donde trabajan esas personas debe estar diseñado para distribuir las responsabilidades que permitan que sus integrantes puedan, efectivamente, justificar que «H». Parafraseando la expresión respecto de que la ciencia es una empresa conjunta, se podría decir que la justificación de la decisión también es una empresa conjunta. No es una tarea (o no debería ser) de una sola persona.

87 Al respecto, ver la sección 1.3. del Capítulo 1 del presente trabajo donde se muestran diversos artículos del Código Procesal Civil, Código Procesal Penal, la nueva Ley General de Trabajo y acuerdos y jurisprudencia del Poder Judicial donde se les exige a los jueces motivar su sentencia, mas no se indica cómo hacer esa tarea.

88 Al respecto, ver los libros de KAHNEMAN, Daniel, *Thinking, fast and slow*, Farrar, Straus and Giroux, New York, 2011 y THALER, Richard H. / SUNSTEIN, Cass R., *Nudge: improving decisions about health, wealth, and happiness*, Penguin Books,

capacidad cognitiva de los seres humanos mostrarían que tenemos muchas limitaciones al tratar de analizar y resolver cualquier tipo de problemas, y no cabe duda que determinar qué ocurrió en un caso es una labor sumamente compleja que le exige un gran esfuerzo cognitivo al Juez. En el Gráfico N° 1 se muestra, en un modelo bastante simple, la complejidad del razonamiento que debe seguir un Juez para justificar que «H».

Gráfico N° 1

Análisis y evaluación de la hipótesis de un caso

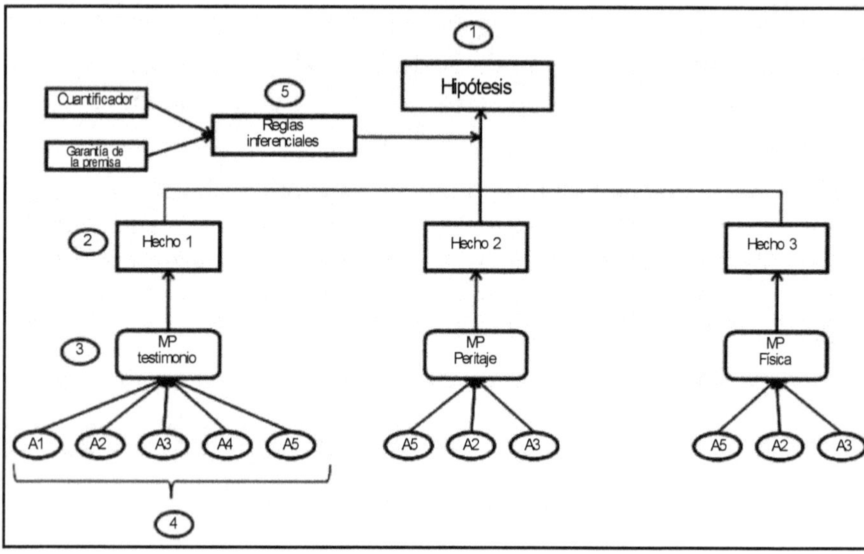

Cada uno de los elementos arriba mostrados requiere que se siga una secuencia de análisis y responder un gran cantidad de preguntas que permitan justificar que «H». En los gráficos números 2 y 3 se puede observar el conjunto de elementos que se deben tener en cuenta para tener por cierto un hecho y, luego de ello, si los hechos probados permiten inferir que «H».

New York, 2009. También la serie de artículos contenidos en KAHNEMAN, Daniel *et al.*, *Judgment under uncertainty: heuristic and biases*, Cambridge University Press, 1982.

Gráfico N° 2

Análisis de los medios probatorios

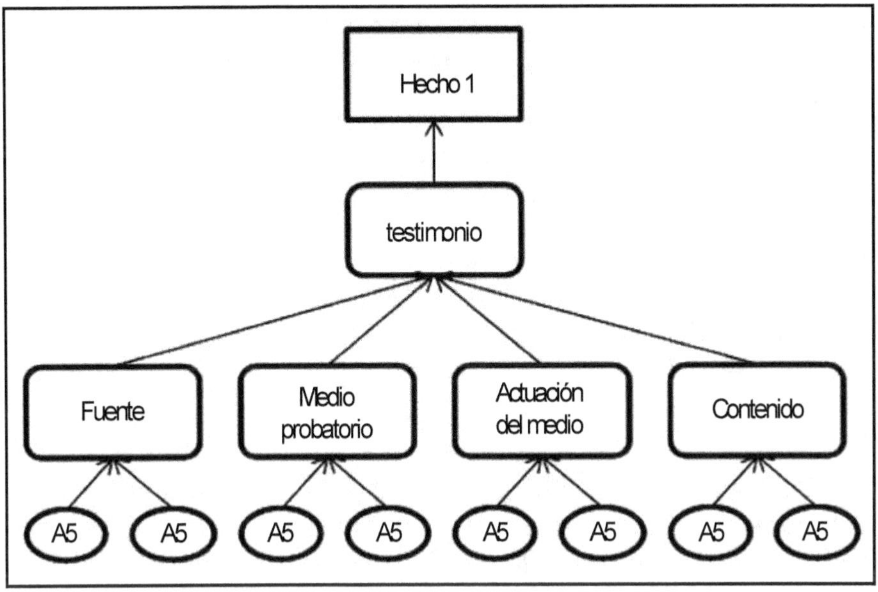

Para tener por cierto un hecho es necesario que se ofrezca un determinado medio probatorio que nos proporcione información de calidad sobre el hecho que se quiere justificar como cierto. Para ello, es necesario que el Juez analice lo siguiente:

(i) La fuente de dónde provendrá esa información;

(ii) Bajo qué medio se introducirá la información;

(iii)Cómo se actuará ese medio en el proceso; y,

(iv)La solidez de la información extraída del medio probatorio.

A su vez, cada uno de los elementos anteriores se subdividirá en otros sub-puntos que permitan determinar que la información extraída del medio probatorio ofrecido puede ser aceptada como cierta.

Veamos ahora en qué consiste el análisis de los hechos probados a efectos de determinar qué tan sólida es nuestra conclusión acerca de que «H».

Gráfico N° 3

Análisis de la regla generalizadora sobre los hechos

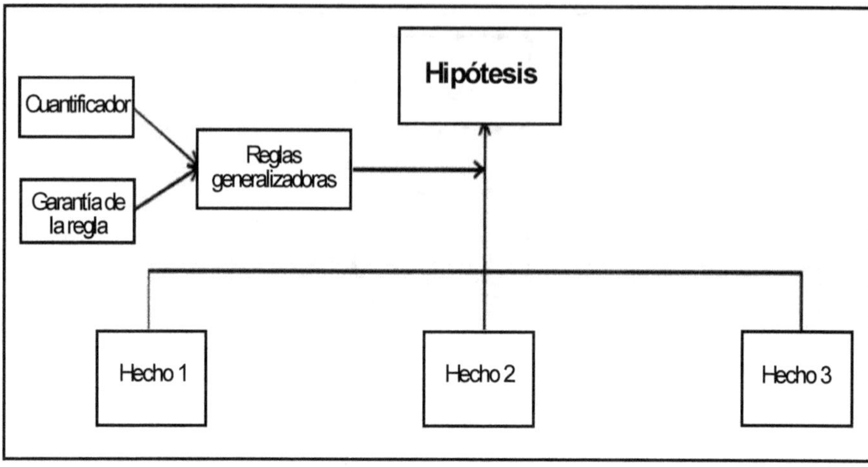

Para analizar qué tan sólida es la inferencia de los hechos a la hipótesis es necesario evaluar los diversos componentes de la regla generalizadora que le darán sustento a esa inferencia. Para ello, es necesario que el Juez realice lo siguiente:

- Identificar cuál es la regla generalizadora que utilizan para sustentar la inferencia de los hechos a la hipótesis;
- Identificar cuál es el sustento de esas reglas: la ciencia; máximas de experiencia de la comunidad; o privadas del juez;
- Analizar y evaluar qué tan corroborada se encuentra la regla generalizadora para explicarnos el funcionamiento de la realidad o el comportamiento de las personas;
- Analizar qué grado de generalidad tienen esas reglas sobre la realidad y, en específico, sobre la realidad en la que se pretende aplicar;
- Determinar cómo se aplica la regla a los hechos concretos del caso; y,
- Evaluar cómo se enfrentarán situaciones de incertidumbre en caso existan varias hipótesis explicativas de los hechos del caso.

Los aspectos antes mencionados requieren que el Juez tenga un método que le permita producir, organizar y sintetizar la información recibida en el caso. Luego de ello, debe tener la capacidad de procesar esa información; discriminar la información confiable de la no confiable; saber qué preguntar para generar más evidencia y descartar hipótesis; y, luego de lo anterior, construir un argumento que le permita justificar si una determinada hipótesis se encuentra o no probada. En caso tenga varias hipótesis posible, debe tener instrumentos que le permitan comparar hipótesis y elegir aquella que sea la más explicativa del caso concreto.

Todo lo anterior muestra la complejidad que resulta justificar la cuestión fáctica de una decisión judicial, por lo que indicarle al Juez que solo se guie por las reglas de la lógica, máximas de experiencia y ciencia para resolver un caso es insuficiente y, hasta cierto punto, de casi nula ayuda en la realización de esa tarea.

A continuación se explicará las ventajas que nos proporciona tener un método para enfrentar la complejidad que significa justificar la cuestión fáctica de un caso.

2.3. La importancia de una metodología de análisis de la cuestión fáctica[89]

Atendiendo a la gran complejidad que nos enfrentamos con el análisis y evaluación de la evidencia de un caso, ¿qué debemos desarrollar para realizar un correcto análisis y evaluación de la evidencia de un caso? Pues, lo que se debe desarrollar es una **metodología y herramientas** que nos orienten y faciliten el análisis y evaluación de la evidencia de un caso, por las siguientes razones:

(i) **Ordena nuestro pensamiento**. Nos permite saber qué pasos debemos seguir para resolver un problema. Aquí surgen dos aspectos importantes. Siempre debemos saber **qué** (problemas) queremos resolver. Y luego ver **cómo** lo

[89] Algunas de las ideas señaladas en este apartado se han inspirado en HAACK, Susan, *Defending Science within reason. Between scientism and Cynicism*, Prometheus Books, 2003, pp. 98 y ss. Versión Kindle de Amazon.

resolveremos. Se dice que la mitad de la tarea para resolver un problema es saber en qué consiste. La otra mitad, en saber cómo resolverlo.

La organización de nuestro pensamiento nos permitirá saber por dónde empezamos nuestro análisis (identificar el problema); qué información necesitamos para resolver el problema; luego qué pasos debemos seguir para resolver; y así sucesivamente.

Dicha organización evitará que el analista se distraiga o divague respecto del problema que debe resolver: si debemos resolver X, **¿cómo este paso o esta información nos ayudará a resolverlo**?

(ii) Autocontrol. Nos permitirá saber cómo estamos razonando para resolver el problema, dado que seremos consciente de lo siguiente: a) qué pasos o secuencia de análisis estamos siguiendo para evaluar si «H»; b) qué criterios hemos tenido en cuenta para resolver el subproblema de cada etapa de la metodología; c) explicitamos qué premisas sustentan nuestro razonamiento. Si sostenemos que tal medio es creíble o de que tales hechos se puede inferir el hecho a probar, debemos saber cuál es la premisa que sustenta esa conclusión. Si explicitamos las premisas de nuestro razonamiento, luego podríamos evaluar su solidez.

Suele ocurrir que las personas no somos conscientes de las premisas que están detrás de nuestras inferencias y, por tanto, no somos conscientes de qué tan sólida es o no nuestra conclusión. Ello, resultará sumamente peligroso para la labor de justificación de que «H».

(iii) Permite el control intersubjetivo. Si la secuencia de análisis y las premisas de nuestro razonamiento respecto de que «H» son totalmente explícitos, un tercero podría evaluar todo el argumento y ver qué tan sólido es respecto de si «H».

Este control intersubjetivo, además, sería mucho más productivo, puesto que se podría indicar con precisión dónde estaría el error en el análisis de la autoridad y porqué ello sería tal. Así, por ejemplo, los terceros podrían evaluar si en la producción, recojo, análisis o evaluación de la evidencia se han seguido criterios que garanticen la confiabilidad de su contenido. En caso crean que la evidencia no sea muy confiable, podría indicar con precisión donde estaría la fuente de su discrepancia.[90]

Por el contrario, si se desconoce cuál es la secuencia de análisis que ha seguido el Juez, la labor de evaluación de los terceros sería muy difícil, si es que no es virtualmente imposible.

(iv) **Podría contribuir a la imaginación**. En efecto, a través de ciertos instrumentos que permitan clasificar, sintetizar y ordenarlos de diversas maneras se podrían generar, visualizar, comparar y evaluar qué hipótesis explican los hechos probados del caso y cuál sería el peso de cada una de ellas.

Estas son algunas de las razones por las que es importante desarrollar una metodología y herramientas que nos permitan explicitar y hacer transparente nuestro razonamiento.

Si bien la obligación de justificar la cuestión fáctica es condición necesaria para que la decisión del Juez sea justa, esa obligación es insuficiente para que dicho funcionario realice esa labor. Para ello, es necesario que se establezca alguna metodología de análisis y evaluación de los hechos de un caso. Ciertamente, esta metodología no tiene por qué estar recogida en la ley, sino que la doctrina y la jurisprudencia la podrían ir construyendo a través de un continuo proceso de ensayo y error. Lo importante es desarrollar una metodología que permita orientar a los operadores jurídicos en su labor de análisis y evaluación de la evidencia de un caso.

---

90 Para el caso científico ver: HAACK, Susan, *op. cit.*, pp. 103 y 104. Versión Kindle de Amazon.

2.4. Propuesta de metodología para el análisis y evaluación de los hechos de un caso[91]

En esta sección, se presentará una metodología que puede servir a los operadores jurídicos y, en especial, a los jueces para identificar los pasos y criterios que tener en cuenta al momento de analizar y evaluar los hechos de un caso a efectos de determinar si encuentra justificado que «H». En el Gráfico N° 4 se muestra en qué consistirían cada uno de los pasos.

Gráfico N° 4

Esquema de razonamiento para analizar la hipótesis de un caso

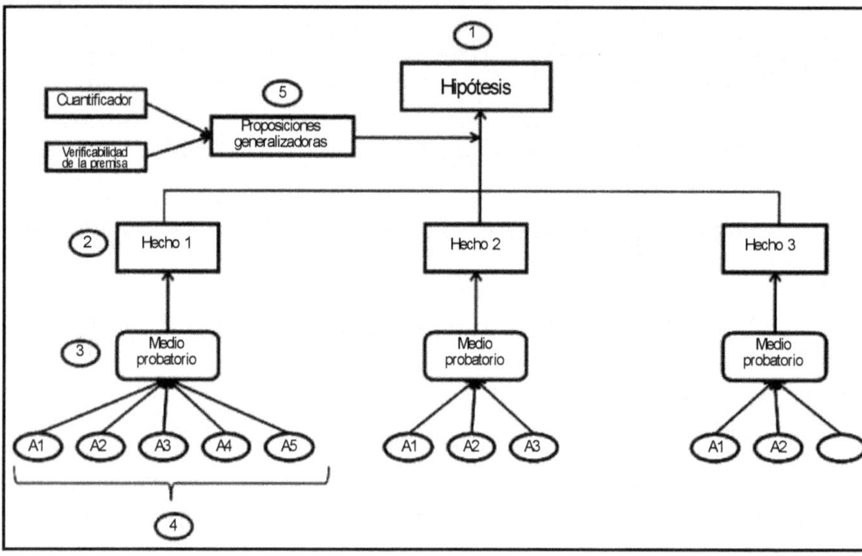

A continuación se explica en qué consiste cada paso de la metodología.

2.4.1. Identificar cuál es la hipótesis a probar en el caso

La precisión y claridad de la formulación de la hipótesis fáctica resulta clave en el proceso de análisis del caso. Si no se

[91] Esta sección se basa en su marco general, en mucho, en las ideas contenidas en los libros de Anderson, Terence *et al.*, *Analysis of Evidence*, Cambridge University Press, New York, 2005, sobre todo, los capítulos 4, 5 y 6; Schum, David, *The Evidential Foundations of Probabilistic Reasoning*, 1ª ed., Northwestern University Press (February 14, 2001) y Walton, Douglas, *Legal Argumentation and Evidence*, The Pennsylvania State University, 2002.

sabe bien que se quiere probar, no hay análisis alguno que se pueda realizar.

La identificación de la hipótesis establece el contexto en el cual se deben discutir, analizar y evaluar los argumentos de las partes. En efecto, el problema de la cuestión fáctica consiste en saber si «H»; por lo que, solo se deben discutir todos aquellos argumentos que versen sobre ello. Todos aquellos argumentos que no permitan dar información sobre que «H» deben ser declarados irrelevantes y, por tanto, excluidos de cualquier discusión en el proceso.

Con relación a la hipótesis, ésta siempre debe describir un hecho, toda vez que solo serán probados proposiciones que se correspondan con la realidad. Por esa razón, la hipótesis no debe tener palabra alguna con contenido valorativo, dado que este tipo de términos no describe un aspecto de la realidad, sino nuestra apreciación sobre ellos.

La hipótesis debe, a su vez, reunir cada uno de los elementos que requiere la norma jurídica cuya aplicación se invoca. Esto último, a su vez, puede servir para subdividir a la hipótesis en los sub-elementos a investigar. Veamos el siguiente ejemplo:

X, intencionalmente, disparó a Y, lo cual le provocó la muerte.

Subelementos:

a) La identificación de la víctima y la acción que recayó en ella: Y recibió un disparo.
b) La identificación del autor que realizó esa acción: X realizó el disparo.
c) El elemento subjetivo: X actuó con intención.

En resumen, la identificación de la hipótesis y su subdivisión en sus principales elementos guiará al Juez en la tarea de justificación de si «H» o «¬H».

2.4.2. Identificación de los «h[92]» relevantes para justificar «H» (principio de relevancia)

En efecto, se debe identificar cada uno de los hechos (los «h») que darían información para justificar que «H» o «¬H» **(principio**

[92] Por hechos se está haciendo referencia a las proposiciones fácticas.

de relevancia). En caso no brinden ningún tipo de información, entonces los «h» alegados deben ser declarados irrelevantes. Ello, a su vez, también servirá para excluir a los MPs que se han ofrecido para probar un «h» irrelevante.

Generalmente, en un proceso solo existe controversia sobre ciertos aspectos de la hipótesis. Por ejemplo, puede ser que no se discuta que hubo un muerto, sino en quién fue el autor. De igual manera, no se discute si una persona ha sufrido un problema en su salud, sino si los medicamentos son la causa de ese problema. En ese sentido, un primer punto para determinar qué «h» son relevantes consistirá en describir de manera clara y precisa cuál es la cuestión controvertida, dado que solo sobre ellos se concentrará el debate. Así, un «h» será relevante solo si da información para resolver la cuestión controvertida.

Un segundo aspecto, de acuerdo a WALTON, es que el «h» debe ser lo suficientemente fuerte para cambiar el balance del resultado de la discusión[93]. En el mismo sentido, SCHUM señala que la evidencia es relevante si ésta tiene alguna fuerza en permitirnos cambiar nuestra creencia para una hipótesis particular[94]. La pregunta a realizar sería la siguiente: este «h» permitiría, aunado con otros «h», darle la razón a la parte que lo invoca sobre la cuestión controvertida.

Ahora bien, la relevancia de un «h» puede ser positiva o negativa. Es positiva si un «h» permite inferir que «H» es cierta. Es negativa si un «h» permite negar la verdad de «H». Por último, como ya se mencionó, un «h» es irrelevante cuando no da información alguna sobre «H»[95]. Siendo así, la pregunta para saber si un «h» es relevante o no es la siguiente: «¿por qué este «h» permite justificar que «H» o «¬H»? La respuesta a esta pregunta depende de una regla que nos indique que cuando ocurre este tipo de «h», entonces es probable que «H» o «¬H».

---

93 WALTON, Douglas, *Relevance in argumentation,* Lawrence Erlbaum Associates, Publishers, Mahwah, New Jersey / London, 2004, p. 6.

94 SCHUM, David, *op. cit.,* p. 69.

95 GOVIER, Trudy, *A practical study of argument,* 6ª ed., Thomson / Wadsworth, 2005, pp. 172 y 173.

La importancia de esta pregunta radica en los siguientes puntos:

a) vuelve explicita las asunciones que están detrás de un determinado argumento. De esta manera, los actores participantes en el proceso (las partes y el Juez) serán conscientes de que reglas generales sustentan su argumentación[96], el cual puede ser objeto de crítica por las partes y el mismo juez; y, a partir de lo anterior,

b) permite excluir todos aquellos hechos que no den información sobre «H»; y, sobre todo, permite evaluar qué tan sustentada se encuentra la regla que sustenta el paso de los «h» a «H».

Sin embargo, en esta etapa todavía no se debe discutir la solidez ni la generalidad de la regla. Lo importante es identificar cuáles son aquellas premisas que permiten inferir que los «h» dan información sobre la «H» del caso. Esta discusión se debe reservar para el análisis final de si los «h» probados pueden justificar la verdad de «H».

2.4.3. Identificar con qué MP se justificará la verdad de los «h» relevantes

En esta etapa, solo se debe identificar el MP para probar un «h». Veamos los siguientes ejemplos:

a) el testimonio de X se ofrece para probar lo siguiente: «Y estuvo en la Calle C a las 7:00 pm del día 15 de enero de 2013 conversando con Z» (este sería el hecho a probar con el testimonio).

b) la pericia de X se ofrece para probar lo siguiente: «el medicamento X origina que las extremidades de un bebe no se desarrollen en su totalidad» (este sería el hecho a probar con la pericia).

---

96 SPERBER, Dan / WILSON, Deirdre, *Relevance. Communication and Cognition*, 2ª ed., Wiley-Blackwell, Oxford UK y Cambridge, 1996, p. 119.

c) El documento X se ofrece para probar lo siguiente: «la orden que le dio el señor Z a Y para que realice la compra del bien B a la empresa E».

Resulta importante señalar que por MP se entenderá todo aquel instrumento por el cual se incorporará al proceso cierta información sobre sucesos que han ocurrido en el mundo. Clases de MP serían el testimonio, la declaración del perito o su informe, un documento, entre otros. Mediante estos medios se busca incorporar información al proceso con el objeto de justificar la verdad de un hecho.

Cabe señalar que la verdad de cada «h» depende solo de los MPs que se ofrezcan para tal efecto. Por ello, resulta importante identificar qué MP se ha ofrecido para justificar la ocurrencia de un «h1», pues solo ese MP podrá probar la verdad de «h1». Un MP ofrecido para probar «h2» no puede servir para probar «h1». Veamos el Gráfico N° 5 donde se ilustra lo explicado:

Gráfico N° 5

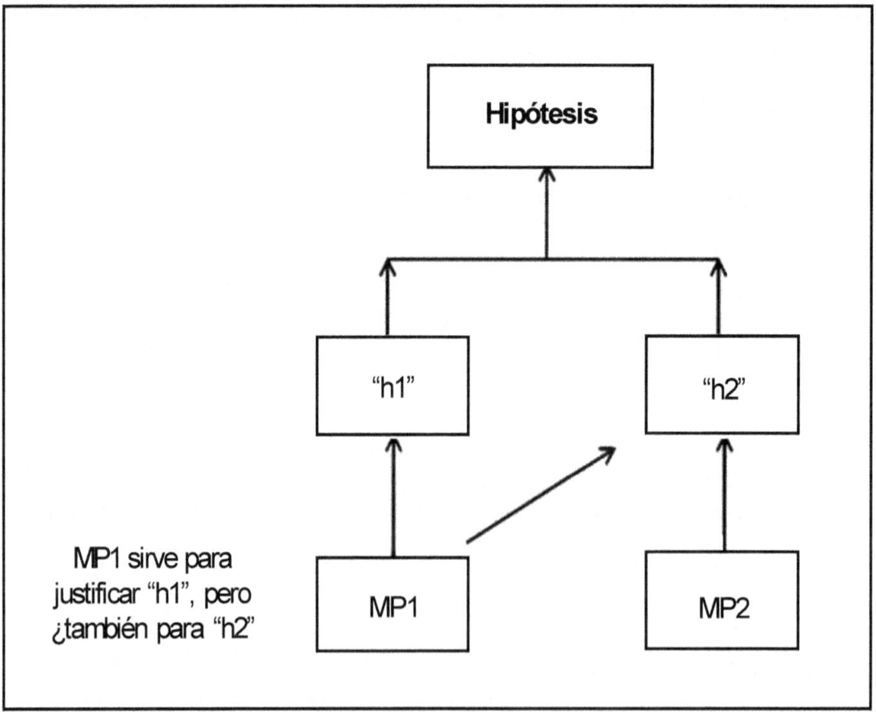

Como se aprecia, MP2 solo está ofrecido para el «h2»; por tanto, el análisis y evaluación de MP2 se encontrará en determinar si sus atributos justifican la verdad de «h2». El Juez no puede afirmar que MP1 justifica «h2» porque no se ha realizado ese análisis.

Lo anterior resulta importante porque a través de la «valoración conjunta» de los MPs se trata de justificar la verdad de otros hechos para el cual no se ofreció un determinado MP. También debe indicarse que la verdad de «h1» no acredita que «h2» haya ocurrido. La verdad de «h2» solo depende de «MP2». Si ustedes observan el Gráfico N° 6, la verdad de «h1» y «h2»solo dependen de sus MPs, no de otros elementos. Por ello, la frase «valoración conjunta» de los MPs o de los hechos puede resultar engañoso porque mediante este enunciado se pretende justificar la verdad de hechos distintos para el cual fue ofrecido un determinado medio probatorio.

Cabe adelantar que una vez probado los hechos, si se evaluará si la hipótesis del caso explica la ocurrencia de los hechos probados, pero esa actividad consiste en evaluar qué tan explicativa es la hipótesis de los hechos probados. Por esa razón, prefiero utilizar la frase «capacidad explicativa» de los hechos probados del caso. Este punto será desarrollado más adelante.

- **Corroboración ante la duda**

De otro lado, cabe indicar que respecto de un mismo «h» se pueden ofrecer dos o más MPs, a efectos de corroborar que el contenido de los «MPs» es cierto. Puede ocurrir que la contraparte o el Juez mismo tengan dudas sobre la verdad del contenido del MP, motivo por el cual la parte que ha ofrecido un determinado MP tendrá que ofrecer algún tipo de razón que pueda levantar esa duda u objeción[97]. Una de las posibilidades para levantar esa objeción es a través del ofrecimiento de otro MP que permita corroborar lo señalado por el primer MP. Véase el Gráfico N° 6.

---

[97] WALTON, Douglas / REED, C., «Evaluating corroborative evidence», *Argumentation*, 22, 2008, p. 540.

Gráfico N° 6

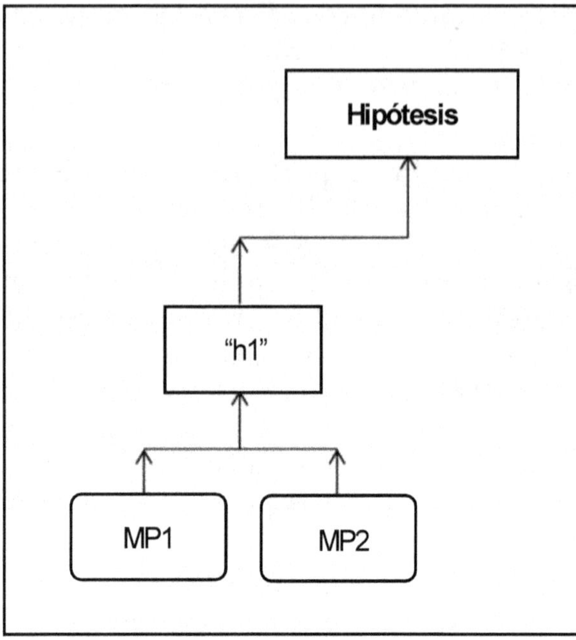

Tal como se aprecia en el Gráfico, para garantizar la verdad de «h1» se han ofrecido MP1 y MP2.

Sin embargo, para que un MP corrobore a otro es necesario que ambos sean independientes entre sí, esto es, que entre ellos no exista vinculación alguna respecto de la existencia del otro. En ese sentido, si cada MP ofrece la misma información sobre «h», entonces se puede asumir que ello se debe a que «h» es cierto. Por el contrario, si la existencia de la información de un MP depende de otro MP, entonces no tenemos dos MPs, sino solo uno, el de la fuente primaria. Esta distinción es importante para el caso, por ejemplo, de testimonios de oídas o de todo aquel MP cuyo contenido informativo dependa de otro.

2.4.4. Análisis de los atributos de los MP que garantizarían que cada «h» se encuentre probado

En esta fase, las preguntas claves son las siguientes:

(a) ¿la fuente puede proporcionar información verdadera sobre un «h»?;

(b) ¿la forma cómo se extrajo la información de la fuente garantiza que la información sea verdadera?[98]; y,

(c) ¿la información obtenida de la fuente es coherente y concordante con otras fuentes como para realizar una reconstrucción fiable sobre el evento para el cual fue ofrecido?

Estos son tres preguntas claves que se deben responder al momento de analizar la información que se dará por cierta de un determinado MP. A continuación desarrollaremos estas tres preguntas:

a) Con relación a la fuente, ésta dependerá de cada MP. Por fuente se entenderá el ente del cual provendrá la información que servirá para tener por cierto un determinado «h». Entre otras fuentes, tendremos: el testigo; el perito; el documento; entre otros.

   Es importante tener en cuenta que cada fuente debe reunir ciertos requisitos que garantizarán que ésta pueda proporcionar información que justifique la verdad de los hechos que se pretenden probar con ésta. La pregunta clave es la siguiente: ¿qué elementos garantizan que esta fuente pueda proporcionar información verdadera sobre un «h»? La respuesta a esta pregunta dependerá de la investigación concreta sobre cada fuente que nos permita identificar qué aspectos son los que garantizan que una fuente pueda dar información confiable.

b) La forma cómo se extrajo la información de la fuente garantiza que la información sea verdadera. Este aspecto se encuentra referido al procedimiento que se ha seguido para obtener una determinada información de cierta fuente.

   Un segundo aspecto muy importante en el análisis de los MPs es la forma cómo se obtendrá la información de la

[98] Al respecto, ver el capítulo 5 del libro WALTON, Douglas, *Witness Testimony Evidence. Argumentation, Artificial Intelligence, and Law*, Cambridge University Press, Cambridge, 2008, pp. 194 y ss.

fuente para que ingrese al proceso. Así, tenemos que si una parte ofrece un MP para probar «h1», la forma podrá ser a través de su lectura, observación u otra forma que permitirá percibir la información y, a partir de ello, establecer qué información ingresará al proceso. En caso no halla controversia sobre la información, se la tendrá por cierta.

El problema se presentará, entonces, cuando se planteen dudas o cuestionamientos sobre la verdad de la información proporcionada por el MP. En este caso, la técnica que se ha desarrollado en la actualidad será la del interrogatorio, que es la forma cómo se introducirán, discutirán y levantarán los cuestionamientos sobre el contenido del MP. Para ello, el Juez debe estar atento que el proceso de interrogatorio sea lo más neutral posible respecto de la obtención de la información de la fuente. En ese sentido, el recojo de la información debería cumplir con lo siguiente:

(i) ser espontáneo; y,

(ii) serlo suficientemente detallada que permita la reconstrucción sobre el evento que pretende informar.

c) La información proveniente de la fuente debe permitir una reconstrucción coherente interna y ser pasible de corroboración.

Una vez obtenida la información de la fuente, se debe evaluar tanto la consistencia interna de la información proporcionada (coherencia) como su correlato con información obtenida por otras fuentes (concordancia externa). Se podría afirmar que cuánto más coherente y concordante es la información obtenida de una fuente, es mucho más probable que su contenido sea cierto.

2.4.5. Explicitación y análisis de las reglas generales que permiten pasar de los hechos generales a «H»

Finalmente, una vez que se tienen probado los hechos, explicitar cuáles son las proposiciones o reglas generales (en adelante, la RG) que garantizarían que de los hechos probados se puede inferir la hipótesis a probar. Esto me permitirá saber qué tan confiables son esas premisas respecto del razonamiento que estoy realizando sobre los hechos.

Para ello, se pueden formular las siguientes preguntas:

a) ¿cómo puedo expresar el enunciado que justificará que de los «h» se pueda inferir que «H»? La idea es enunciar la regla, a efectos de permitir que las partes y la ciudadanía conozcan cuál es su sustento y generalidad[99].

b) ¿cuál es el sustento (científico, experiencia, la ley, etc.) que permitirá sostener que si ocurren los «h1, h2, h3, (...)», entonces «H» es muy probable que haya ocurrido?

c) ¿cuál es el grado de generalidad de la RG? ¿Tiene excepciones? ¿Cuáles?

2.5. Técnicas e instrumentos que facilitan el análisis de la evidencia de un caso

Tal como hemos visto en el presente trabajo, la determinación de lo que sucedió en un caso es una actividad sumamente compleja. En ese sentido, ya se mostró una metodología que coadyuva en esa labor; sin embargo, también es necesario desarrollar ciertas herramientas o instrumentos que permitan **visualizar** la relación entre las distintas partes del análisis de un caso y también un mejor procesamiento de la abundante información que puede tener un caso.

A continuación se mostrarán diversas técnicas e instrumentos que permitirían una mejor comprensión y procesamiento de la información y las relaciones entre las distintas partes de un caso[100].

---

[99] Al respecto, ver PINTO, Robert C., «Evaluating Inferences: the Nature and Role of Warrants», *Informal Logic,* vol. 26, N° 3 (2006), pp. 302-303. También: FREEMAN, James B., *Acceptable Premises. An Epistemic Approach to an Informal Logic Problem,* Cambridge University Press, Cambridge, 2005, pp. 27-33.

[100] ANDERSON, Terence / SCHUM, David / TWINING, William, *Analysis of evidence,* 2ª ed., 2005, pp. 122 y ss.

2.5.1. El esquema: una herramienta para organizar las proposiciones del caso

Esta técnica hace referencia a la conocida herramienta de la tabla de contenidos o, como es más conocido, al índice que se encuentra, generalmente, al inicio de cada trabajo. Como bien señala Eco, el esquema deberá proporcionarnos la ruta lógica que seguiremos para llegar a nuestro destino, esto es, demostrar la validez de nuestra conclusión[101]. Asimismo, la elaboración del esquema nos permitirá visualizar cómo se relacionan las distintas partes de nuestra argumentación y, de esa manera, aclarar si estamos razonando correctamente sobre el caso[102].

Una de las fortalezas de la técnica del esquema es su facilidad para organizar cada uno de los elementos de nuestra argumentación. En esta técnica, cada proposición elemental en la que se ha desagregado la hipótesis del caso será un encabezado bajo el cual se organizará tanto las proposiciones subordinadas que tiendan a confirmar o rechazar dicha proposición, como el medio probatorio que sustentaría cada una de dichas proposiciones.

2.5.2. La cronología: una herramienta para visualizar los hechos y la evidencia del caso

La popularidad de las líneas de tiempo en estos días se debe a que facilitan la generación y asociación de ideas, lo cual es muy importante para el análisis de los hechos de un caso. Asimismo, es una herramienta que permite detectar vacíos y visualizar las historias posibles que se pueden construir sobre los hechos. Como ya mencionamos, los seres humanos tenemos la necesidad de explicar todos los eventos que nos rodean, más aún, en una época en donde la racionalidad tiene un papel relevante en la

---

[101] Eco, Umberto, *Cómo se hace una tesis,* 9ª reimp., Gedisa, Barcelona, 2010, pp. 121-122.

[102] *Ibidem,* p. 122.

sociedad. La idea que está detrás es que todos los hechos son resultado de hechos anteriores y aquellos, a su vez, han dado origen a otros hechos.

La organización de los hechos a través de un gráfico temporal[103] es ideal por varias razones:

- Permite visualizar cada hecho según cómo ha ocurrido en el tiempo.
- Permite visualizar algún tipo de relación causal entre los hechos, o de vinculación entre varios hechos al mismo tiempo.
- Un adecuado manejo de esta herramienta permite introducir, retirar o destacar los hechos en el gráfico, a efectos de determinar cuáles son los hechos más relevantes o importantes del caso.
- Permite detectar si existen vacíos en las hipótesis ofrecidas por las partes para explicar los hechos del caso.
- La cronología tiende a destacar los conflictos o inconsistencias que se pueden presentar al interior de la historia a reconstruir en el proceso.
- Una forma de expresar la cronología es a través de líneas de tiempo, las que permiten estimular la memoria de las personas, dado que ubica sus recuerdos en el tiempo. Ello, permitiría que las personas recuerden detalles que son difíciles de recordar cuando no se visualiza en qué fechas habría ocurrido el evento. Asimismo, esta herramienta también tiende a producir más eventos,

[103] Existen diversas formas de elaborar gráficos temporales, lo cual dependerá de si los hechos investigados son, por ejemplo, discretos o continuos o del período de investigación (años, meses, semanas, días, horas, etc.). Dependiendo de las características de los hechos investigados se elaborará el gráfico, sin embargo, el tipo de gráfico más común es la línea de tiempo.

dado que se tiende a vincular un evento X con eventos anteriores y posteriores[104].

- Son un gran complemento para la narración de los hechos del caso. Una línea de tiempo permitirá tener una visión macro del caso, cuyos detalles se pueden encontrar en la redacción de la historia.

Como puede apreciarse, la cronología está referida al qué, cuándo y al dónde de la evidencia; el cómo y el por qué se elaborarán mediante la técnica de la construcción de la historia del caso[105].

Según Anderson *et al.*, es útil construir tres tipos de cronologías[106]:

(i) una cronología referida a los hechos sobre los cuales van a declarar los testigos. Esto permite evaluar qué tan completa y consistente es o será la declaración del testigo. Con una buena cronología sobre los hechos que va a declarar el testigo, el abogado o analista podrá saber qué hechos tendría que conocer el testigo y, de esa manera, evaluar si el testigo se está guardando información o está diciendo la verdad. También sirve para preparar el interrogatorio que le efectuará al testigo, ya sea para cuestionar la honestidad de su declaración, para enfatizar y presentar de una manera más persuasiva la declaración del testigo. Finalmente, esta forma servirá luego para construir la cronología señalada en el punto (iii).

(ii) una cronología relativa a los documentos y otra evidencia tangible. Generalmente, los documentos contienen algún tipo de fecha que permite ubicarlos en el tiempo, lo cual podrá ser utilizado para confirmar o negar la ocurrencia de un hecho. También sirve para construir la cronología del tercer tipo; y,

---

104 Al respecto, ver Binder, David A. / Bergman, Paul, *Fact Investigation. From Hypothesis to Proof,* West Publishing Company, St. Paul, 1984, pp. 265 y ss.

105 Palmer, Andrew, *Proof and the preparation of trials,* Thomson legal & Regulatory limited, 2003, p. 18.

106 Anderson, Terence *et al., op. cit.,* pp. 147 y 148.

(iii) una cronología que permita controlar todos los hechos del caso. Este tipo de cronología coloca todos los eventos que son o podrían ser relevantes al caso en el orden en el cual ellos ocurrieron. Este método nos permite visualizar los hechos y la evidencia en el tiempo y, de esa manera, observar algún tipo de relaciones (positivas o negativas) que pueda existir entre ellas. Cabe indicar que los hechos son resultado de otros hechos. Por ello, la visualización de los hechos en el tiempo, nos permitirá descubrir las relaciones que puedan existir entre ellos.

En el siguiente gráfico se muestra una línea de tiempo, que permitiría visualizar los hechos cuando éstos han transcurrido en momentos espaciados en el tiempo (días, semanas, meses, etc.).

Gráfico N° 7

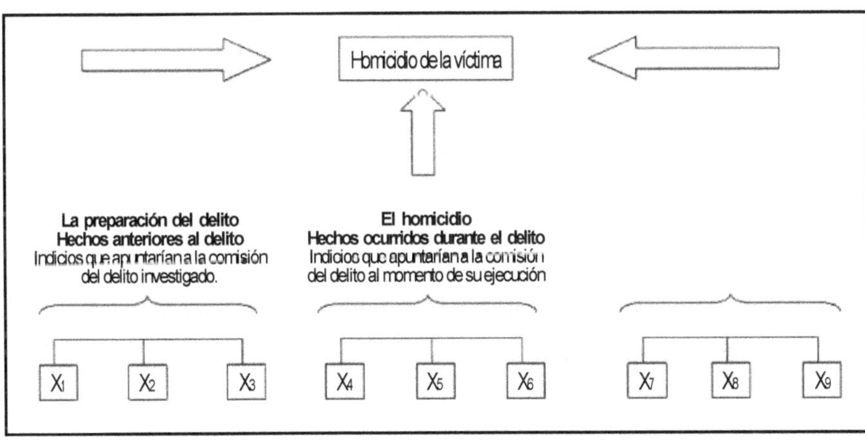

En el siguiente gráfico se verá una línea de tiempo de hechos que ocurren en un mismo día, desde la mañana hasta la noche. En este caso, es mejor realizar un gráfico vertical que muestren cómo van transcurriendo los hechos en el día[107].

[107] En este caso, «M» denunció a «X» por violación. Según la sentencia, «X» tuvo relaciones sexuales sin el consentimiento de «M», dado que la puso en un estado de inconsciencia bajo el cual ella no pudo manifestar su consentimiento.

Gráfico N° 8

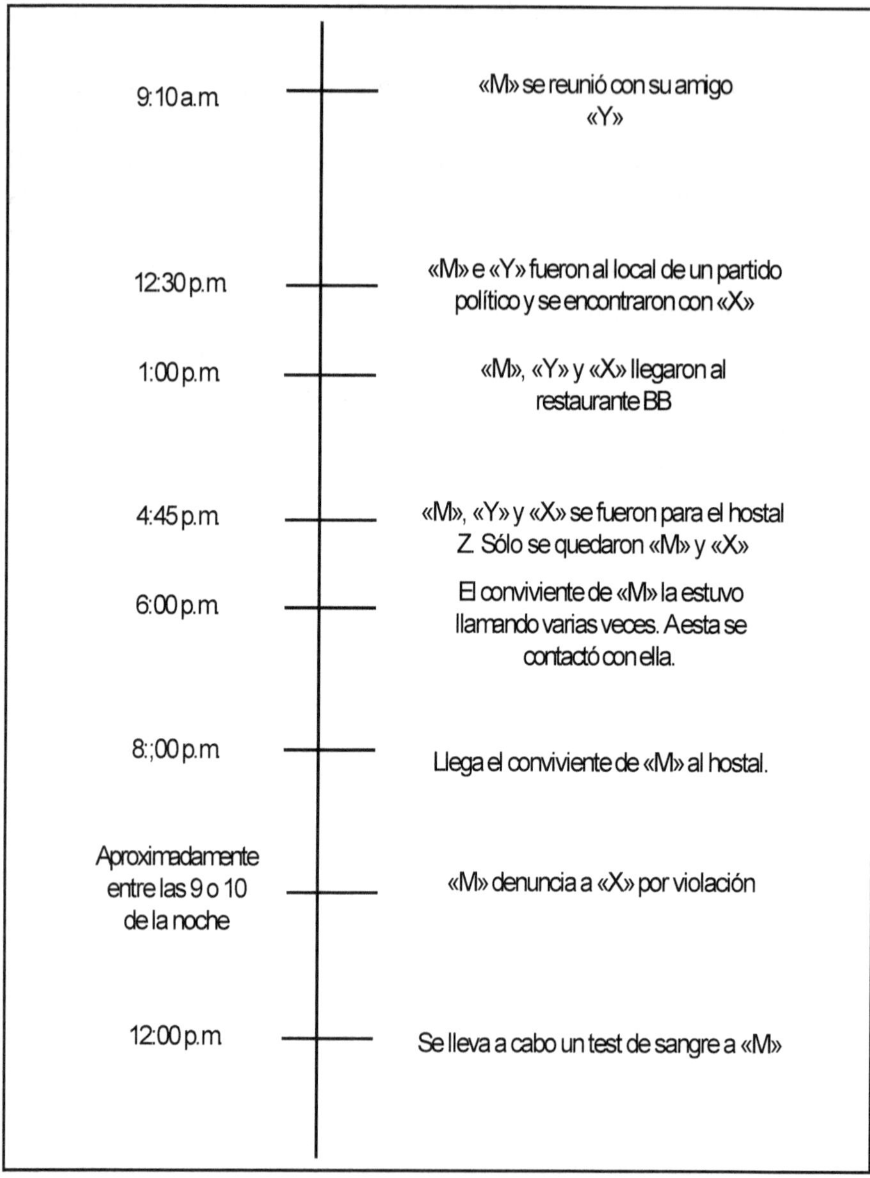

En general, se pueden realizar distintos tipos de gráficos de tiempo o incluso combinaciones de ellos. También se pueden hacer cuadros con los hechos. La elaboración de los gráficos dependerá de las particularidades de cada caso en concreto.

2.5.3. La narración: una herramienta para contar historias en el juicio

Según estudios que se han efectuado sobre jurados[108], las personas procesan la información en función a historias. Los casos no se analizan sólo desde un punto de vista lógico-jurídico, sino en función a las percepciones iniciales y al impacto emocional que el caso pueda producir sobre el jurado. Si bien estos estudios se han centrado en cómo razonan los integrantes de un jurado al momento de resolver un caso, no creo que exista una gran diferencia respecto de la forma cómo los jueces procesan la información de un caso[109].

Este es un método que nos permite contar una historia lógica respecto de los hechos investigados, a partir de su secuencia en el tiempo. La elaboración de la historia debe encontrarse en la evidencia disponible. Este tipo de método permita al analista darse cuenta de los vacíos que puede presentar la historia que pretende construir y que deben ser llenados a efectos de crear una historia lógica, coherente y persuasiva de su caso. Mediante la historia se le da sentido a los distintos hechos que han sido objeto de la investigación, a efectos de explicar qué fue lo que sucedió[110].

La redacción de la historia puede producir que el Juez encuentre vacíos, inconsistencias o errores de razonamiento en el análisis del caso, dado que se activa el pensamiento lógico - reflexivo.

---

108 Al respecto, trabajos bastantes citados sobre esta línea de investigación son los de PENNINGTON, Nancy y HASTIE, Reid, 1993, «The story model for juror decision making», en HASTIE, Reid (ed.), *Inside the juror: The psychology of juror decision making*, Cambridge University Press, Cambridge. HASTIE, Reid / PENROD, Steven / PENNINGTON, Nancy, *Inside the Jury*, Harvard University Press, Cambridge, Mass., 1983. PENNINGTON, Nancy / HASTIE, Reid, «A Cognitive Theory of Juror Decision Making: The Story Model. (Decision and Inference in Litigation)», *Cardozo Law Review*, 1991, 13(2-3), pp. 519-57.

109 En el caso del Perú, resulta muy interesante e instructivo analizar el énfasis que le asignan los doctores Alfredo BULLARD y Huáscar EZCURRA al aspecto sicológico en la construcción, presentación y defensa de un caso. Al respecto, ver su artículo: «Qué gane el mejor. ¿Cómo ganar un litigio arbitral?, en *De iure, Revista para litigantes*, Linares Abogados, N° 1, setiembre de 2007, pp. 93-114. En cualquier caso, sería interesante que se realicen estudios sicológicos y empíricos que permitan determinar cómo los jueces peruanos procesan la información recibida de un caso; mientras ello no exista, deberemos extrapolar los estudios e investigaciones efectuadas en otras países, teniendo en cuenta los riesgos que conlleva realizar dicha extrapolación.

110 ANDERSON, Terence *et al.*, *op. cit.*, pp. 147-155.

2.5.4. Un mapa lógico de la estructura de la argumentación sobre la cuestión fáctica del caso

Esta técnica es la más rigurosa de las ideadas hasta ahora, pero, a su vez, la más compleja y difícil de emplear. Es una técnica que permite al analista a través de un gráfico construir, analizar y evaluar qué tan sólida es la hipótesis del caso[111].

La estructura de este gráfico ya ha sido mostrada anteriormente. El objetivo del gráfico consiste en mostrar visualmente las relaciones que existen entre cada una de las partes de la argumentación y evaluar si la conclusión se puede inferir de las premisas que le sirven de sustento. Las flechas entre las distintas partes indican cuáles son las premisas que le sirven de soporte a la premisa hacia la cual se dirigen. Si bien puede ser bastante difícil de elaborar al inicio, con la práctica se va volviendo mucho más fácil de elaborar.

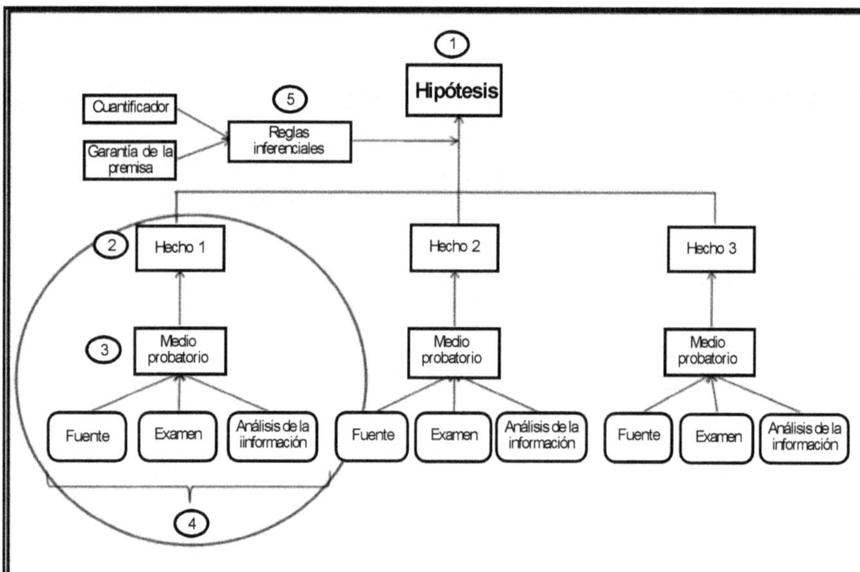

[111] Desde mi punto de vista, este método también puede ser utilizado para analizar argumentos teóricos jurídicos, aunque con sus propias particularidades. Al respecto, ver Toulmin, Stephen, *Los usos de la argumentación*, Península, Barcelona, 2007 (en especial, el capítulo 3). También revisar Toulmin, Stephen / Janik, Allan / Jonsen, Albert R., *Introduction to reasoning*, Macmillan Publishing Company, 1984. Atienza, Manuel, *Las razones del Derecho*, Palestra, Lima, 2004, especialmente, el capítulo 4 de este libro.

2.5.5. Una matriz comparativa de las hipótesis en competencia en un caso[112]

Este instrumento consiste en comparar las distintas hipótesis que se encuentran en competencia en un caso. Este instrumento se puede utilizar luego de elaborar cada uno de los mapas de la estructura lógica de cada hipótesis y evaluar su solidez. Así, se podrá ir llenando la matriz en función al resultado que hemos llegado en nuestro análisis y evaluación sobre la solidez de cada hipótesis. La utilidad de esta herramienta consiste en visualizar en una matriz cada una de las hipótesis del caso y poder comparar al mismo tiempo la solidez de cada una de ellas.

Matriz comparativa de hipótesis

Criterios / Hipótesis	Solidez de la probanza de los hechos formulados por cada hipótesis	Explicación de los hechos relevantes	Premisas e inferencias más acordes con nuestro conocimiento del mundo	Resultado de la evaluación de cada hipótesis
Hipótesis 1				
Hipótesis 2				
Hipótesis 3				
Hipótesis 4				

A manera de síntesis de esta sección, se debe indicar que cada una de las técnicas y herramientas expuestas son complementarias entre sí, de manera tal que permitan un mejor análisis y evaluación de la estructura argumentativa de la cuestión fáctica que deberá resolver el Juez.

[112] Esta herramienta está basada en el trabajo de HEUER, Richards, *Psychology of Intelligence Analysis*, Center for the Study of Intelligence, 1999, pp. 95 y ss. También ver: HEUER, Richards J. / PHERSON, Randolph H., *Structured Analytic Techniques for Intelligence Analysis*, CQ Press, 2011, pp. 160-169.

Capítulo 3
Aplicación de la metodología propuesta a casos

CASO 1: Magaly Medina

3.1. Análisis crítico de la sentencia del caso Magaly: ¿ella sabía que la noticia que divulgaba era falsa?

En este caso, el futbolista José Paolo Guerrero González (en adelante, PG) denunció a Magaly Jesús Medina (MM) y Ney Guerrero por delito contra el honor-difamación a través de medios de comunicación. Asimismo, denunció como terceros civilmente responsables a las empresas Andina de Radiodifusión Sociedad Anónima Cerrada ATV y Multimedios y Prensa Sociedad Anónima Cerrada. Según PG, MM afirmó falsa e intencionalmente que, el 18 de noviembre de 2007, él habría salido de un conocido local nocturno entre las 2:00 y 2:30 a.m., a pesar de que ese mismo día tenía un partido de fútbol frente a la selección de Brasil. PG señaló que ese hecho era falso, porque él se había retirado a la concentración de la selección a las 8:00 p.m. del día 17 de noviembre de 2007.

Mediante sentencia del 16 de octubre de 2008 (en adelante, la Sentencia), la Jueza Penal del Vigésimo Sétimo Juzgado Penal de la Lima de la Corte Superior de Justicia de Lima (en adelante, la Jueza) condenó a MM como autora del delito contra el Honor - Difamación a través de medios de comunicación social - en agravio de PG. De la lectura de la sentencia se desprende que la Jueza consideró que *«MM difundió, a sabiendas e intencionalmente, una información falsa respecto de que PG salió el 18 de noviembre de 2007 del Friday's después de las 2:00 a.m.»*.

El presente análisis tiene como objetivo lo siguiente:

(i) Mostrar y analizar las razones ofrecidas en la Sentencia para justificar la hipótesis por la cual se sanciona a MM: *ella difundió, **a sabiendas**, una información falsa respecto de* *que PG salió el 18 de noviembre de 2007 del Friday's después de las 2:00 a.m.»* (a esta hipótesis se le denominará hipótesis de la Sentencia o, de modo más abreviado, HS);

(ii) Mostrar como la metodología propuesta en el capítulo 2 del presente trabajo nos permite sustentar que, a partir de las razones ofrecidas en la sentencia, no se puede inferir la HS;

(iii) Mostrar que la hipótesis más defendible era que MM no le importó, conscientemente, averiguar si la noticia que divulgaría sobre PG era, o no, cierta.

3.1.1. Análisis y crítica de la HS: **«MM difundió, a sabiendas, una información falsa respecto de que PG salió el 18 de noviembre de 2007 del Friday's después de las 2:00 a.m.»**.

Tal como ha sido señalado, la HS es la siguiente: *«MM difundió, a sabiendas, una información falsa respecto de que PG salió el 18 de noviembre de 2007 del Friday's después de las 2:00 a.m.»*. Esta hipótesis se podría descomponer en las siguientes sub hipótesis:

(i) «MM difundió en su revista que PG salió del Friday's, el 18 de noviembre de 2007, después de las 2:00 a.m.» (a esta proposición se la denominará SHS1[113]). Con relación a este punto no existe mayor controversia.

(ii) La información difundida por MM consistente en que **«PG salió del Friday's, el 18 de noviembre de 2007, después de las 2:00 a.m. era falsa»** (a esta proposición se la denominará SHS2[114]). Con relación a este punto, si habría discrepancia entre las partes.

(iii) MM sabía sobre **SHS2** (a esta proposición se la denominará SHS3[115]). La Sentencia no es muy clara, pero

---

113 SHS1: Sub-hipótesis de la Sentencia: «MM difundió en su revista que PG salió del Friday's, el 18 de noviembre de 2007, después de las 2:00 a.m.».

114 SHS2: Sub-hipótesis de la sentencia 2: «PG salió del Friday's, el 18 de noviembre de 2007, después de las 2:00 a.m. era falsa». SHS2 contiene toda la proposición entrecomillada.

115 SHS3: Sub-hipótesis de la sentencia 3: MM sabía que la información respecto de que PG salió del Friday's después de las 2:00 a.m. el día 18 de noviembre de 2007 era falsa».

al parecer la Jueza si considera que MM sabía que SHS2 era falsa y, pese a ello, la difundió.

Gráfico N° 1

La hipótesis de la sentencia (HS)

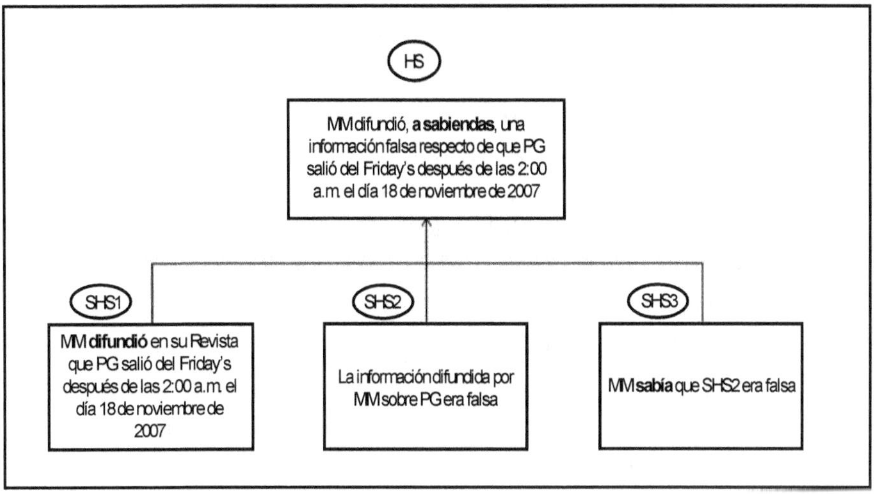

A continuación se analizará SHS2 y SHS3, a efectos de determinar si las razones ofrecidas sustentan cada una de estas sub hipótesis. En caso SHS2 y/o SHS3 no estén debidamente fundamentadas, entonces HS tampoco lo estará. Sobre SHS1 no hay mayor controversia, motivo por el cual no se analizará.

3.1.1.1. Análisis de si la proposición **«PG salió del Friday's después de las 2:00 a.m. el día 18 de noviembre de 2007 es falsa»** se encuentra probada.

En este caso, PG y MM plantearon, cada uno, su hipótesis respecto de que a qué hora se retiró PG del Friday's. Según PG, él se retiró del Friday's a las 8:00 p.m. del día 17 de noviembre de 2007, mientras que MM señaló que PG se retiró después de las 2:00 a.m. del día 18 de noviembre de 2007. Para efectos de la exposición, a la hipótesis de PG, se le denominará HPG, mientras que a la hipótesis de MM, se le denominará HMM, las cuales serán objeto de análisis.

Análisis de la hipótesis de PG (HPG)

Para probar su hipótesis, PG ofreció, además de su propia declaración, los siguientes medios probatorios:

a) Declaración de Fiorella Chirichigno[116] (en adelante, MP1). En su declaración, ella dijo que salió con PG el viernes 17 de noviembre de 2007 entre las 6:10 y 8:00 p.m., después de lo cual PG la dejó en su casa y él se fue a la concentración. Al contenido del MP1, se le denominará PF1.

b) Comprobante del pago realizado con la tarjeta de crédito de PG, el cual se encuentra legalizado ante autoridad competente (en adelante, MP2). En este documento, se aprecia el pago que se efectuó con la tarjeta de crédito de PG a las 8:00 p.m. de consumos realizados en el Friday's. Al contenido del MP2, se le denominará PF2.

   b.1.)Declaración Jurada del Director del Friday's (en adelante, MP2.1). En este documento, el Director señaló que, una vez que los datos del consumo ingresan al sistema de cómputo, éstos no pueden ser alterados.

   Este medio probatorio serviría para mostrar el nivel de confiabilidad que se le puede asignar al comprobante de pago presentado por PG.

c) Declaración jurada del Director del Friday's (en adelante, MP3). En este documento, el Director certificó que el consumo efectuado se realizó el 17 de noviembre entre las 6:14 p.m. y 8:00 p.m. Al contenido del MP3, se le denominará PF3.

d) Copia legalizada del Cuaderno de Ocurrencia del Servicio de Seguridad de la Cochera de Café del Mar (en adelante, MP4). En este documento, se indica que el vehículo de PG fue retirado alrededor de las 8:00 p.m. Al contenido del MP4, se le denominará PF4.

   Por su parte, para sustentar que «***PG salió del Friday's después de las 2:00 a.m. el día 18 de noviembre de 2007 es***

[116] Se podrá utilizar, indistintamente, Fiorella Chirichigno o FCh.

verdadera» (en adelante, HMM), MM presentó los siguientes medios probatorios:

e) Las fotos tomadas por el fotógrafo Carlos Alberto Guerrero Lozada (en adelante, MP5). Mediante estas fotos se trataría de acreditar que PG salió del Friday's después de las 2:00 a.m. El MP5 tendría como objetivo probar que PG salió del Friday's después de las 2:00 a.m. A este hecho se le denominará PF5.

f) La declaración del fotógrafo Carlos Alberto Guerrero Lozada (en adelante, MP6), quien señaló que esas fotos fueron tomadas entre las 2:00 y 2:30 a.m. del día 18 de noviembre de 2007. El MP6 tendría como objetivo probar la PF5. En efecto, la declaración de CAGL tendría como objetivo probar el mismo hecho que el MP5.

g) Declaraciones de los periodistas Jaime Bayly y Efraín Trelles (en adelante, MP7 y MP8). En sus declaraciones, estos periodistas señalaron que ellos habían oído que PG salió del Friday's después de las 2:00 a.m. el 18 de noviembre de 2007. Los MP7 y MP8 tendrían como objetivo probar la PF5.

En su sentencia, la Jueza sustentó SHS2 en virtud a las siguientes razones:

(i) La declaración de FCh (MP1) probaría que ella y PG salieron del Friday's a las 8:00 p.m. y no a las 2:30.

(ii) La declaración de FCh se encuentra corroborada con el comprobante de pago (MP2), la declaración jurada del Director del Friday's (MP3) y el Cuaderno de Ocurrencia de Café del Mar (MP4).

De otro lado, rechazó la hipótesis de MM en virtud a lo siguiente:

(i) Las fotos (MP5) no probaban la hora exacta en que habría salido PG del Friday's.

(ii) La declaración de CAGL (MP6) se encuentra desvirtuada por la declaración de FCh (MP1), el comprobante de pago legalizado (MP2), la declaración jurada del Director del Friday's (MP3) y el Cuaderno de Ocurrencias de Café del Mar (MP4).

En este caso, habría sido interesante que la Jueza no sólo indique que MP1, MP2, MP3 y MP4 desvirtúan la declaración de CAGL, sino que explicite cuál es el razonamiento que la lleva a concluir lo anterior. Era obligación de la Jueza argumentar porque considera que ciertos MPs acreditan un hecho, mientras que otros, no. El razonamiento de la Jueza parecería indicar que como hay más MPs a favor de un lado, entonces esa posición sería más sólida, lo cual no es correcto. A este tipo de argumento se le podría denominar la falacia de la cantidad.

En efecto, la Jueza tuvo que analizar la confiabilidad de cada MP por separado en función a los atributos que garantizan su admisibilidad y credibilidad. Mediante ese proceso de análisis, la Jueza deberá indicar qué MPs tendrá por admitidos y confiables y cuáles otros los descartará por inadmisibles o les asignará una baja credibilidad.

En este caso, lo que cuestionó la Jueza más que la declaración de CAGL (el MP en sí) es la coherencia externa del contenido de la declaración porque era contrario a otros hechos contenidos en otros MPs. Un primer análisis que pudo realizar la Jueza es que el MP6 tiene baja o nula credibilidad, debido al interés que tenía el testigo en que su declaración sea considerada como cierta y a las contradicciones o dudas que presentaba el contenido del testimonio en sí mismo. Si esto es así, ya no importaba que existieran otros MPs cuyo contenido fuera contrario a MP6, toda vez que MP6 no podía acreditar o probar el hecho para el que fue ofrecido.

(iii)Con relación a las declaraciones de Jaime Bayly (MP7) y Efraín Trelles (MP8), la Jueza indicó que ellos eran testigos de referencia u oídas y, por tanto, no podían dar información confiable sobre SHS2, más aun, cuando no querían revelar cuál era la fuente que les había dado esa información.

Gráfico N°2
Análisis de la HPG

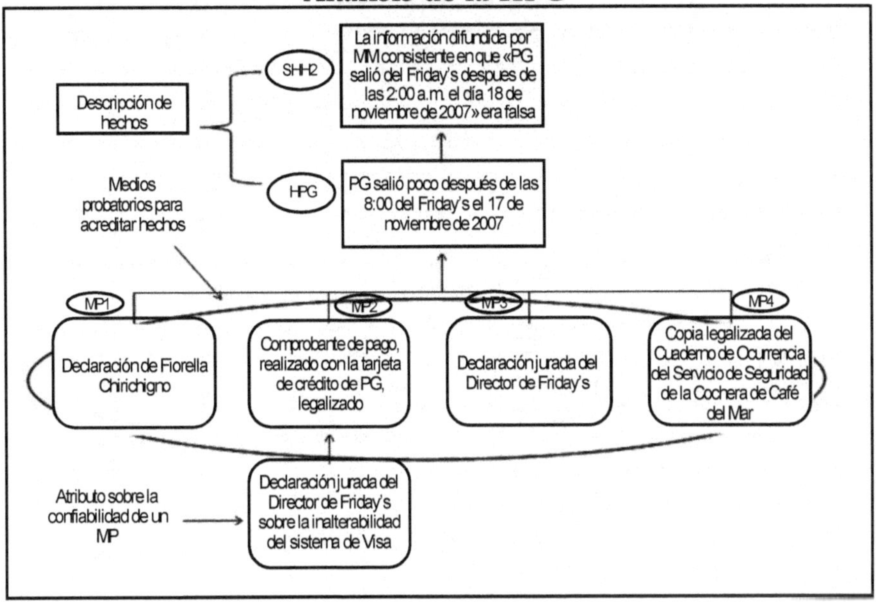

Del análisis del Gráfico N° 2 se puede observar que la HPG[117] tiene 4 MPs que contienen información que haría creíble esa hipótesis, por las siguientes características:

(i) Cada uno de los MPs es independiente, esto es, la existencia de cada una de ellas no depende de las otras;

(ii) Cada MP sería confiable; y,

(iii) El contenido de cada MP brinda información que es consistente con la HPG.

Atendiendo a lo señalado, se puede afirmar que la HPG resulte bastante explicativa de los hechos del caso, dado que existen 4 PFs (las PF1, las PF2, PF3 y PF4, que versan sobre hechos distintos entre sí y son producto de MPs que son independientes entre sí, motivo por el cual se debería tener, provisionalmente, por cierta la HPG hasta que ésta sea contrastada con la HMM.

---

[117] HPG: hipótesis de PG. Esta hipótesis consistiría en que PG salió del Friday´s a las 8:00 p.m. del día 17 de noviembre de 2007.

Gráfico N° 3

Relación entre la Hipótesis, PFs y MPs.

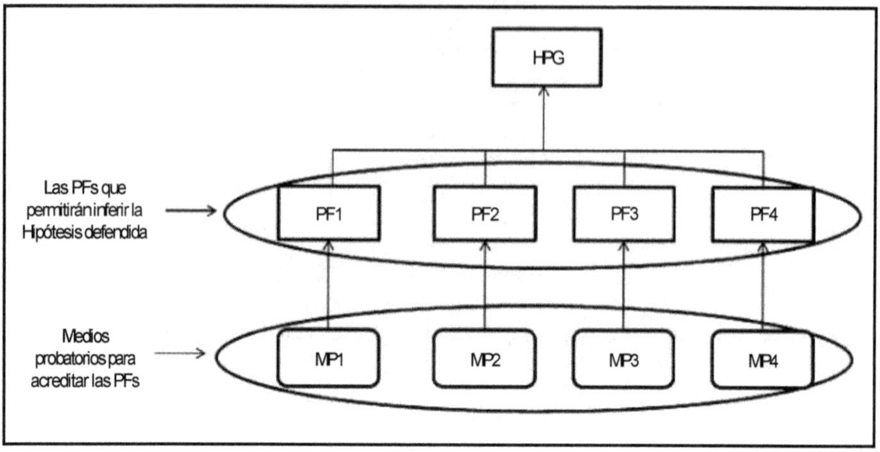

En este cuadro podemos observar cómo funciona la convergencia de razones. El valor probatorio del contenido de MP1 no depende de los otros medios probatorios; sin embargo, al existir otros medios probatorios que apuntan a una misma dirección (a acreditar un mismo hecho), se podría afirmar que la solidez de que la HPG sea cierta es mayor. Desde mi punto de vista, en este aspecto radica la importancia de convergencia de razones para probar una hipótesis. Si una hipótesis puede explicar por qué ocurrieron distintos hechos es porque esa hipótesis debe ser verdadera. Se asume que los hechos ocurrieron por alguna razón; y, por tanto, se buscará y aceptará aquella hipótesis que pueda la mayor cantidad de hechos.

3.2. Análisis de la hipótesis de MM (HMM)

En la sección anterior, se afirmó que se debía tener, provisionalmente, la HPG por creíble hasta que se analice si la HMM también podría explicar los hechos probados del caso. Si se descarta la HMM, entonces se debería tener por cierta la HPG, dado que es la única explicación de los hechos probados. En caso la HMM no pueda ser descartada, esto es, si los MPs ofrecidos para probar la HMM permiten tenerla como creíble, entonces se deberá recurrir a criterios tales como el estándar de la prueba para resolver este tipo de disyuntiva.

Gráfico N° 4
Análisis de la HMM

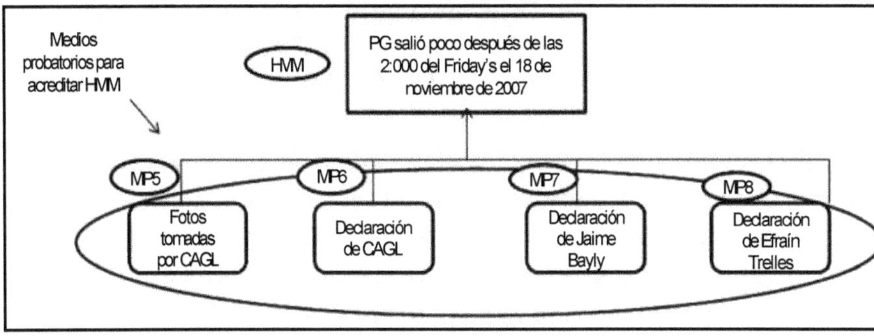

HMM: hipótesis de Magaly Medina

3.2.1. Análisis de MP5 (las fotos tomadas por CAGL)

Con relación a las fotos tomadas por CAGL (MP5), este MP sería insuficiente para tener por cierta la hipótesis HMM, dado que solo se muestra que PG sale del Friday's de noche, pero no se puede saber a qué hora exactamente salió de ese local. En efecto, el contenido de esa foto es explicable tanto por la HPG como por la de HMG. La conclusión a la que se puede llegar es que la foto no es un MP que permita tener certeza sobre qué hipótesis es verdadera o siquiera inclinar hacia un lado el grado de confianza que se puede asignar a una hipótesis frente a otra.

3.2.2. Análisis de MP6 (la declaración de CAGL)

Con relación a la declaración de CAGL (MP6), si bien este MP es admisible, desde mi punto de vista, su credibilidad sería cuestionable baja, sino acaso nula, por los siguientes motivos:

(i) él tenía incentivos para mentir, dado que su trabajo consistía en encontrar a personas famosas en situaciones incomodas, como era el caso del futbolista PG, más aun, días antes del partido que tendría la selección peruana con Brasil.

(ii) la declaración de CAGL contiene aspectos que son de dudosa credibilidad y que hubiera sido importante que el abogado de PG o la Jueza lo interrogase, a efectos de que dé mayores detalles sobre su testimonio. Ello está referido, por ejemplo, a las horas que estuvo esperando a PG en el Friday's. En efecto, si PG estuvo en el Friday's a partir de las

6:30, resultaría extraño que este futbolista se haya quedado hasta las 2:00 a.m., esto es, más de 8 horas en el mismo lugar. En todo caso, habría sido interesante preguntarle que describa que hizo PG y FCh durante esas 8 horas. Si él estaba mintiendo, no habría podido inventar una historia con tantos detalles, lo cual desacreditaría su declaración.

(iii) También habría sido importante interrogar al chofer que estuvo con CAGL, a efectos de evaluar si ambas versiones son, o no, coincidentes. Si ambos estuvieron presentes, entonces deberían tener testimonios coincidentes en varios aspectos.

3.2.3. Análisis de los MP7 y MP8

Para analizar si el MP7 y MP8 puedan proporcionarnos información sobre «HMM» es necesario conocer sobre qué versa el contenido de su declaración. De la lectura de la Sentencia, las declaraciones de «JB» y «ET» consistirían en lo siguiente:

Declaración de Jaime Bayly: «JB» **dice** que un «X» le **dijo** que PG habría salido después de las 2:00 a.m. del Friday's el 18 de noviembre de 2007.»

Declaración de Efraín Trelles: «ET» **dice** que un «Y» le **dijo** que PG habría salido después de las 2:00 a.m. del Friday's el 18 de noviembre de 2007.

Como puede apreciarse, ni «JB» ni «ET» observaron los hechos que relatan en su testimonio, sino que están transmitiendo lo que otra persona les dijo, en este caso, un tercero que no se sabe quién es. En ese sentido, la credibilidad de los testimonios de «JB» y «ET» son completamente dependientes de la admisibilidad y credibilidad de los testimonios del «X» e «Y» que les dio la información que ellos divulgaron en sus respectivos programas[118].

Los testimonios de «JB» y «ET» son testimonios de oídas, motivo por el cual éstos deberían ser inadmisibles, por cuanto ellos no han

[118] Con relación a los atributos que se deben analizar de la prueba testimonial para determinar su admisibilidad y credibilidad se puede revisar nuestro artículo: «Hacia un análisis lógico-epistémico de la prueba testimonial. Una propuesta para superar los criterios subjetivos y de conciencia de los medios probatorios», en *Revista Peruana de Derecho Procesal,* N° 13, 2009, pp. 53-71. En ese artículo, se cita una serie de autores que podrían brindarle información al lector que desee profundizar sobre los aspectos epistemológicos de la prueba testimonial, esto es, cuando este tipo de prueba puede brindarnos información confiable sobre un determinado hecho.

presenciado con sus sentidos los hechos cuyo testimonio tratarían de acreditar. En efecto, la información de «JB» y «ET» no es confiable toda vez que no se puede saber si quienes les contaron esos hechos realmente los observaron y comprendieron tal como les fue relatado. Tampoco es posible evaluar la credibilidad de esas terceras personas. Por ello, los testimonios de oídas deberían ser, en principio, inadmisible desde un punto de vista epistemológico, salvo que el testigo de oídas pueda proporcionarnos información sobre la admisibilidad y credibilidad del testigo directo del hecho, lo cual se podría lograr mediante un interrogatorio al testigo de oídas sobre estos aspectos. Y, en caso se hubiese podido acceder a los testigos directos, éstos son los que deben declarar en el proceso.

Gráfico N° 5

Estructura lógica de la declaración del testigo de oídas

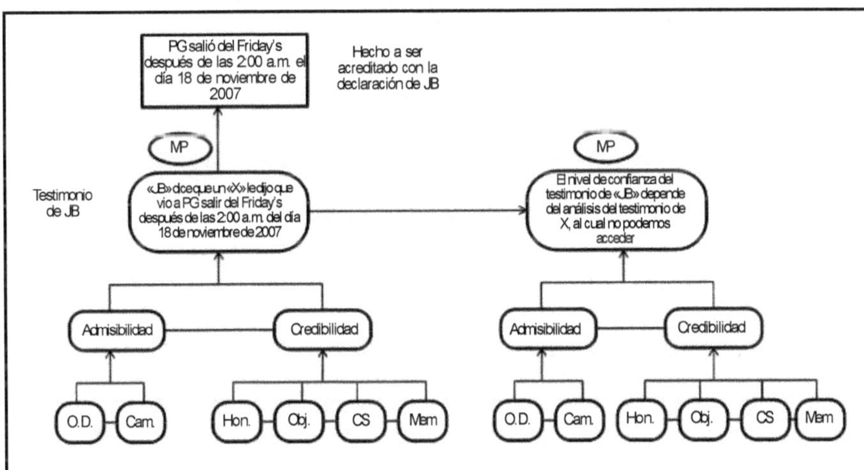

Atributos a ser analizados de la prueba testimonial para determinar su confiabilidad.

OD: Observación directa

Com: Comprensión de lo observado

Hon: honestidad o veracidad del testigo

Obj: objetividad

CS: Capacidad sensorial

Mem: Memoria

Por las razones expuestas, consideramos que la HMM no tenía elementos probatorios que permitan tenerla como creíble, motivo por el cual no se la debía tener por cierta. En ese sentido, la HPG quedaría como la única hipótesis que explicaría lo que ocurrió el 17 de noviembre de 2007, motivo por el cual mientras no aparezca nueva evidencia que la falsee, se la debería tener por cierta.

3.3. Determinación de si, a partir de los hechos del caso, se puede inferir la proposición «MM sabía que SHS2 era falsa» (SHS3)

Según la Jueza, MM -al ser la directora periodística de la Revista y del programa televisivo MAGALY Te Ve- tenía la facultad de decidir que noticia divulgaba o no. Asimismo, ella era una periodista con varios años de experiencia porque había laborado en varios medios de comunicación. Finalmente, otro hecho que tuvo en cuenta la Jueza fue que MM rompió en televisión la carta notarial de PG, lo cual demostraría el ánimo y voluntad de mancillar el honor de PG.

Gráfico N° 6

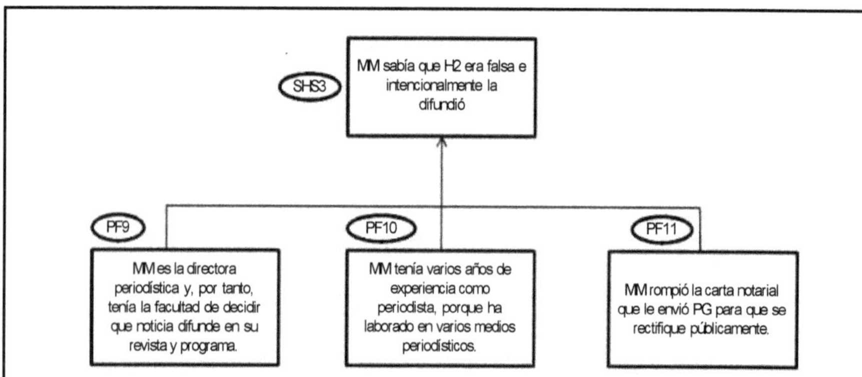

La Jueza señaló que las PF9, PF10 y PF11 permitían inferir SHS3; sin embargo, la Jueza no indica cuáles son las reglas generalizadoras (RG) que garantizarían su inferencia, lo cual no permite evaluar la solidez de dichas reglas para sustentar la SHS3. Este hecho puede ser grave, dado que las reglas que sustentan la inferencia de la Jueza pueden responder más a prejuicios o sesgos suyos, que no sean representativos del comportamiento del grupo de personas a la cual pertenece la persona juzgada. Este es un primer defecto que acarrearía la nulidad de la Sentencia, porque no se sabría por qué razón las PFs permiten inferir que SHS3 se deba tener por cierta.

Sin perjuicio de la falta de fundamentación de la Sentencia, se ha tratado de determinar si en función a la información que aparece en la Sentencia es posible que SHS3 se pueda tener por cierta. Para tal efecto, se han realizado los siguientes pasos:

(i) Exploración del conjunto de acciones posible en el caso.
   - explorar el conjunto de acciones posibles en el caso. A diferencias de otras disciplinas, en el caso del Derecho, los cursos de acción posibles se encuentran prefijados por las partes (el acusador y la defensa);
   - qué curso de acción habría sido el más probable en función a la evidencia obrante en el caso;
   - tratar de descartar los otros cursos de acción posibles propuestos en el caso;
   - en caso no se puede descartar los otros cursos de acción posibles, entonces se debe ver cuál es la decisión que se debe adoptar en función al estándar de prueba establecido en el ordenamiento jurídico;

(ii) En este caso, según la Sentencia, antes de disponer la publicación de una noticia, un Director Periodístico (en adelante, el DP) con varios años de experiencia puede realizar las siguientes acciones:
   (a) revisar todas las noticias o, por lo menos, las de mayor relevancia que se publican en su diario y evaluar si la noticia es, o no, verdadera: hipótesis de la sentencia;

   En este caso, MM sería una DP con varios años de experiencia, lo cual no significa que ella revise todas las noticias y sepa, además, todo lo que ocurra al interior de su Revista. En todo caso, el sólo hecho de que ella fuese la DP no implicaba que ella supiera que la información sobre PG era falsa. Para ello, habría sido necesario que alguien le hubiese dado esa información o la hubiese deducido de algún tipo de información que le hubiesen entregado, lo cual no aparece en la Sentencia. Al no existir ningún tipo de evidencia en este sentido, la conclusión a la cual llegó la Jueza respecto de que MM sabía que la información sobre PG era falsa no se encuentra sustentada en las razones ofrecidas en la Sentencia.

   (b) diseñar mecanismos que garanticen la confiabilidad de las noticias que se publican y evaluar que dichos mecanismos se han cumplido antes de la publicación de la noticia: hipótesis alternativa a la HS.

Con relación a esta posibilidad, la Revista si tenía mecanismos que trataban de garantizar la confiabilidad de la información que publican y ella confíe en ese mecanismo para aprobar la información. Sin embargo, en la Sentencia hay datos que contradicen esa conclusión que no son explicados por la HMM, lo cual se muestra en el siguiente cuadro:

Cuadro N° 1

Declaración de MM	Análisis de la declaración de MM	Conclusión
Según su declaración, MM ordenó lo siguiente: · la investigación sobre la información de que PG salió después de las 2:00 a.m. del 18 de noviembre de 2007 del Friday's; · que antes que se publique la noticia, se cruce la información con varias fuentes; · que cuando todo está confirmado y con las pruebas en la mano, la noticia sea mostrada para su publicación;	No hay evidencia de que MM haya solicitado la información que se recabó sobre la noticia que se publicaría sobre PG y, como consecuencia de lo anterior, no hay evidencia de que se trató de cruzar la información. Tampoco hay evidencia de que MM le haya efectuado alguna pregunta a su equipo periodístico que le expliquen un hecho tan llamativo como que PG se haya encontrado desde las 8:00 p.m. hasta las 2:00 a.m. en un lugar tan concurrido como el Friday's, pese a que el día siguiente tenía un partido ante la Selección de Brasil. Ello, resulta raro teniendo en cuenta que ella se presentaba como una periodista muy experimentada y acuciosa. Tampoco existe evidencia de que ella haya hubiese preguntado sobre la declaración de PG, lo cual resultaba un acto básico para cruzar la información.	Como puede apreciarse, la declaración de MM deja muchas dudas sobre su comportamiento, más aun, cuando ella dice que es una periodista con más de 20 años de experiencia. En realidad, la falta de respuesta de estas preguntas daría que entender que ella, por lo menos, no quiso averiguar sobre la noticia que le había proporcionado su reportero.

Si la información que le brindaron era bastante endeble y si, tal como ella misma decía, era una periodista con mucha experiencia, entonces por qué no solicitó otra información que le dé un mayor sustento u otros testigos que pudiesen corroborar lo que sostenía CAGL. Si ella no lo hizo es porque no le importaba, conscientemente, verificar esa información. Ahora bien, y ¿por qué no lo hizo? El motivo detrás de esa conducta podría ser que esa información haría que se vendan más revistas, más aun, cuando la selección peruana había perdido el partido y los aficionados al fútbol estaban buscando culpables por la derrota. Si MM requería más información hubiera demorado la publicación de la noticia en la revista. Para evitar ello, es muy probable que se haya hecho la desentendida. Desde mi punto de vista, esta es la hipótesis más explicativa de los hechos del caso, conducta por la cual debió ser sancionada, y no porque sabía que la información era falsa.

En el Gráfico N° 7 se muestra los cursos de acción que MM pudo seguir en el siguiente caso.

Gráfico N° 7

Cursos de acción que pudo tomar MM al decidir si publicaba la noticia sobre PG

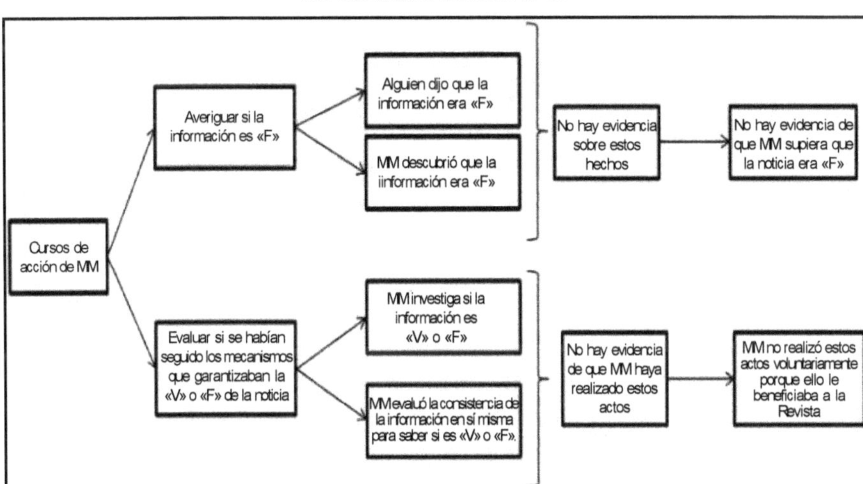

En este cuadro se trata de mostrar cuál es la motivación que estuvo detrás de la conducta que se considera más probable en el caso. Ello, toda vez que detrás de un determinado comportamiento existe algo que la motiva, razón por la cual resulta clave descubrir que impulsó la conducta de la persona procesada. La determinación del motivo debe ser contrastado con los hechos probados del caso. Si ese motivo logra explicar los hechos del caso y no existe otro motivo que tenga el mismo poder explicativo, entonces se tendrá por probado que la persona X actuó por el motivo «M».

Gráfico N° 8

Explicación del curso de acción que tomó MM

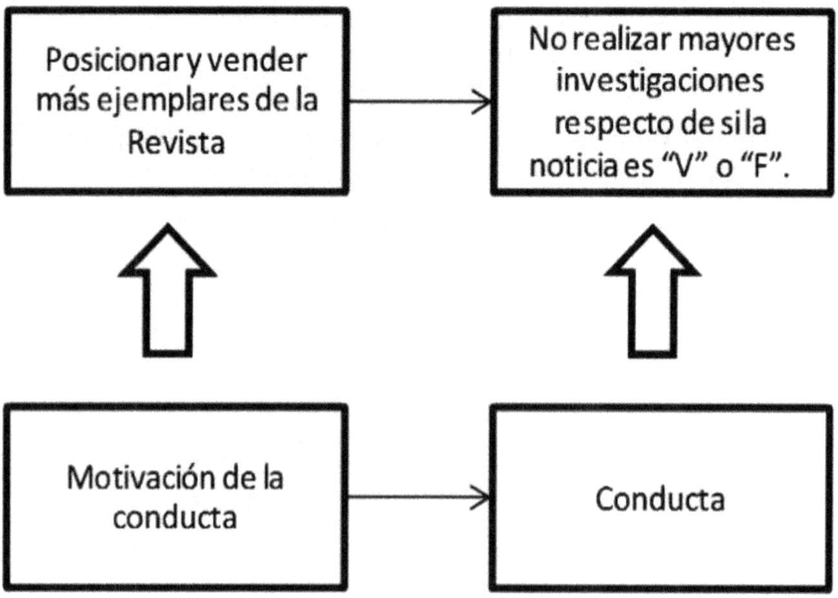

A continuación se compararán las hipótesis en competencia en el caso sobre la intencionalidad de MM respecto de la divulgación de la información sobre PG, a efectos de que el lector pueda evaluar luego de nuestro análisis cuál considera que es la hipótesis más plausible del caso.

Cuadro N° 3

Matriz de comparación de hipótesis[119]

Criterios / Hipótesis	Solidez de a probanza de los hechos formulados por cada hipótesis	Explicación de los hechos relevantes	Premisas e inferencias más acordes con nuestro conocimiento del mundo	**Resultado**
SHS3: MM sabía que SHS2 era falsa	Alta	Baja	Baja	Hipótesis poco probable
SHS3.1: MM no le importo saber si H2 era, o no, verdad.	Alta	Alta	Alta	Es la mejor hipótesis
SHS3.2: MM actuó negligentemente respecto de la comprobación de si SHS2 era verdadera.	Baja	Nula	Baja	Hipotesis poco

Conclusiones sobre el análisis del caso

Entre las conclusiones que he derivado del análisis de la parte fáctica se encuentran las siguientes:

(i) La argumentación de la Sentencia consistió en relatar los hechos que se habrían dado por probados en el caso e indicar cuáles son los MPs que los acreditarían. Sin embargo, no se justifica por qué los MPs analizados en la sentencia acreditaban los hechos que se dieron por probados.

De igual manera, en la Sentencia no se explica cómo ciertos hechos le permiten inferir la hipótesis que se dio por cierta. En efecto, una vez que se termina de relatar los antecedentes del caso, se afirma que éstos le permitían inferir la hipótesis del caso; sin embargo, no se indica cuáles son las RG que garantizan ese paso. Ello no sería un problema si es que las premisas que garantizan la

[119] Esta matriz comparativa de hipótesis se basa en el libro de HEUER, Richards J., *Psychology of Intelligence Analysis*, Center for the Study of Intelligence, 1999, pp. 95 y ss.

inferencia fueran obvias o compartidas por el público hacia el cual va dirigida la sentencia. En este caso, este problema es peor, porque los hechos del caso no permiten sostener que MM sabía que la noticia que divulgó sobre PG era falsa.

Por ese motivo, un primer defecto que encontramos en la Sentencia es su falta de fundamentación tanto sobre las inferencias que se puede realizar de los hechos que se dieron por probados como de los medios probatorios que los acreditarían. Para evitar ese tipo de situaciones, sería necesario que los jueces identifiquen y expliciten cada una de las premisas que van a utilizar en su razonamiento, a efectos de ver si dichas premisas le permiten, o no, justificar su conclusión. Ello, le permitirá detectar tanto los posibles errores que pudiesen estar cometiendo en su razonamiento como qué tan sólido es su razonamiento.

Asimismo, podría evaluar si los MPs ofrecidos para acreditar un hecho efectivamente pueden justificar que se tenga por probado ese hecho.

(ii) En este caso, tal como he señalado, SHS3 no se encontraba probada, motivo por el cual la decisión de la Jueza no se encuentra justificada. En función a la evidencia que se indica en la Sentencia, la hipótesis más probable era que MM no le importó saber si la noticia que divulgó sobre PG era o no falsa.

(iii) Como puede apreciarse, una metodología para el análisis y evaluación de la probanza y solidez inferencial de cada hipótesis resultaría de suma importancia en la labor del Juez, dado que ello le evitará cometer errores o, de ser el caso, detectarlos. Asimismo, esta metodología le permitirá comparar las distintas hipótesis que se pueden formular en un caso, lo cual le permitirá determinar cuál es la hipótesis más probable en un caso y, en función a los estándares establecidos en el ordenamiento jurídico, ver qué decisión tomará.

CASO 2

Si el acusado se desdice de sus dichos, ¿éstos ya no valen?

Mediante R.N. 173-2012/CAJAMARCA, del 22 de enero de 2013, la Sala Penal Transitoria de la Corte Suprema de la República declaró no haber nulidad de la sentencia que absolvió al señor Juan Segundo Portal Tanta (en adelante, el señor Portal o «X») por, presuntamente, haber ordenado el asesinato del señor Santos Cerquín Llanos (en adelante, el señor Cerquín o «Y»).

En este análisis se quiere determinar si el R.N. 173-2012/CAJAMARCA se encuentra debidamente fundamentado respecto de lo siguiente: «no hay evidencia suficiente respecto de que el señor Portal ordenó la muerte del señor Cerquín». Para ello se realizará lo siguiente:

(i) Reconstruir la estructura argumentativa de la acusación fiscal;

(ii) Reconstruir la estructura argumentativa del R.N. 173-2012/CAJAMARCA

(iii) Identificar cuál era el razonamiento que se debía seguir para determinar la verdad o falsedad de la hipótesis del caso; y, finalmente,

(iv) Analizar si el razonamiento de la Sala sobre el testigo de oídas era el correcto.

(v) Qué otros elementos se pudo tener en cuenta para saber si el señor Portal ordenó la muerte del señor Cerquín.

1. Presentación del caso y reconstrucción de los argumentos de la Fiscalía y la Sala Penal de la Corte Suprema

El 9 de julio de 2009, en Cajamarca, en horas de la mañana es encontrado el cadáver del señor Cerquín, quien presentaba un orificio de entrada de proyectil de arma de fuego en la región occipital derecha. Al agraviado le sustrajeron el vehículo con el que prestaba servicio de taxi, el cual no ha sido recuperado.

Los señores Víctor Castrejón Mantilla y Julio Huamán Tacilla y la señora Manuela Huayac Luna han señalado que después de ocurrida la muerte del agraviado, el señor Portal les habría dicho que él fue quien ordenó la muerte del señor Cerquín, lo que habría quedado consignado en una grabación de audio realizada por la testigo Manuela Huayac Luna.

En la acusación se menciona que el acusado tiene un **móvil delictivo** y, además, se cree en la versión de los testigos por las siguientes razones:

(i) El móvil estaría referido a que Edgar Zafra Salcedo, que era socio del agraviado, intentó matar a Patricio Vargas Torres, cuñado del señor Portal, en venganza por haberle vendido una combi robada.

Las testificales que obrarían en autos no avalarían ese dato. Vargas Torres en su manifestación, si bien incrimina a Zafra Salcedo, solo deduce su autoría porque lo llamó antes del atentado para preguntar por su paradero, pero no pudo ver a su autor dado que el hecho ocurrió por la noche. La hermana del agraviado niega ese móvil.

(ii) Con relación a los testigos, se les habría creído porque eran tres testigos que refirieron que el mismo acusado les dijo que él mismo habría ordenado el asesinato del señor Cerquín. También habría un audio grabado por la señora Manuela Huayac Luna donde, presuntamente, el señor Portal estaría diciendo que él ordenó el asesinato del agraviado.

En el Gráfico N° 1 se muestra cuál es la estructura del razonamiento de la Fiscalía:

Gráfico N° 1
Hipótesis de la Fiscalía

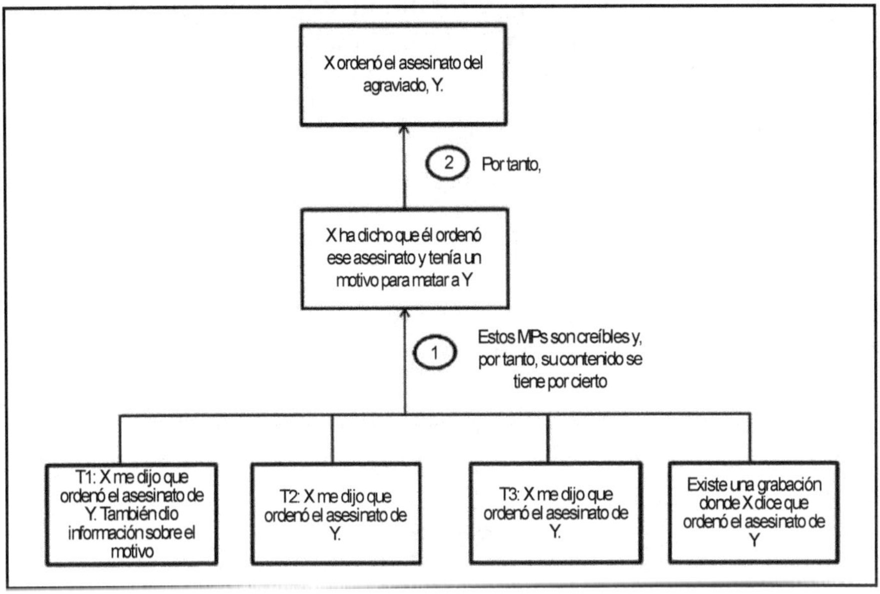

La primera instancia absolvió al señor Portal de la acusación fiscal. Esta sentencia fue impugnada ante la Corte Suprema, que declaró que dicha sentencia no era nula por los siguientes motivos:

(i) El acusado ha rechazado las versiones de los testigos de referencia respecto de que él ordenó el asesinato del señor Cerquín. En ese sentido, al negar los hechos declarados por los testigos y al no existir otros elementos probatorios que puedan corroborar su incriminación, entonces no hay elementos suficientes para enervar la presunción de inocencia;

(ii) El móvil no está acreditado. Si bien el señor Vargas Torres (cuñado del señor Portal) señaló que Edgar Zafra (socio del señor Cerquín) lo quiso matar por haberle vendido una combi robada, este hecho no está comprobado. La hermana del señor Cerquín negó que su hermano haya querido matar al señor Vargas Torres. Por esa razón, no existirían pruebas del móvil;

(iii) El audio ofrecido en el proceso ha sido editado y el ruido de fondo no permiten una correcta audiencia del hablante (voz masculina) en su totalidad y se tiene una percepción parcial con la hablante (voz femenina), por lo que carece de validez por su falta de autenticidad.

En el Gráfico N° 2 se muestra cuál es la estructura del razonamiento:

Gráfico N° 2

Razonamiento de la Sala

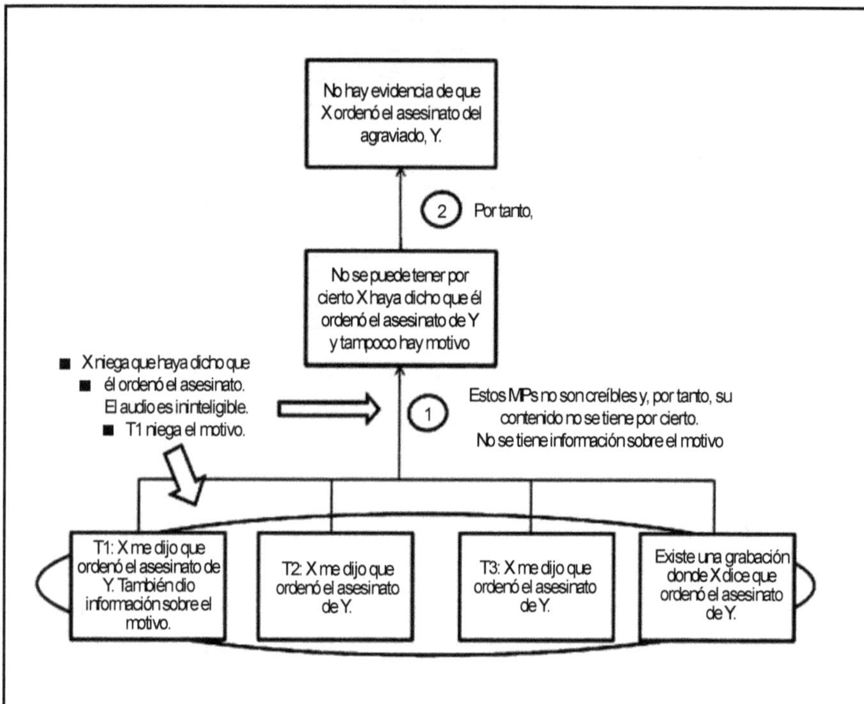

De otro lado, con relación a los testigos de referencia u oídas, la Sala señala que el valor de estos testigos no solo está referido al valor que su versión pueda merecer, sino a que reafirme el contenido de una prueba directa en sus componentes de veracidad y competencia a partir de la información que el testigo ha recibido de una fuente de segunda mano, lo cual estaría ausente en este caso. En el Gráfico N° 3 se puede observar el razonamiento de la Sala sobre los testigos de referencia.

Gráfico N° 3

Razonamiento de la Sala sobre el testigo de oídas

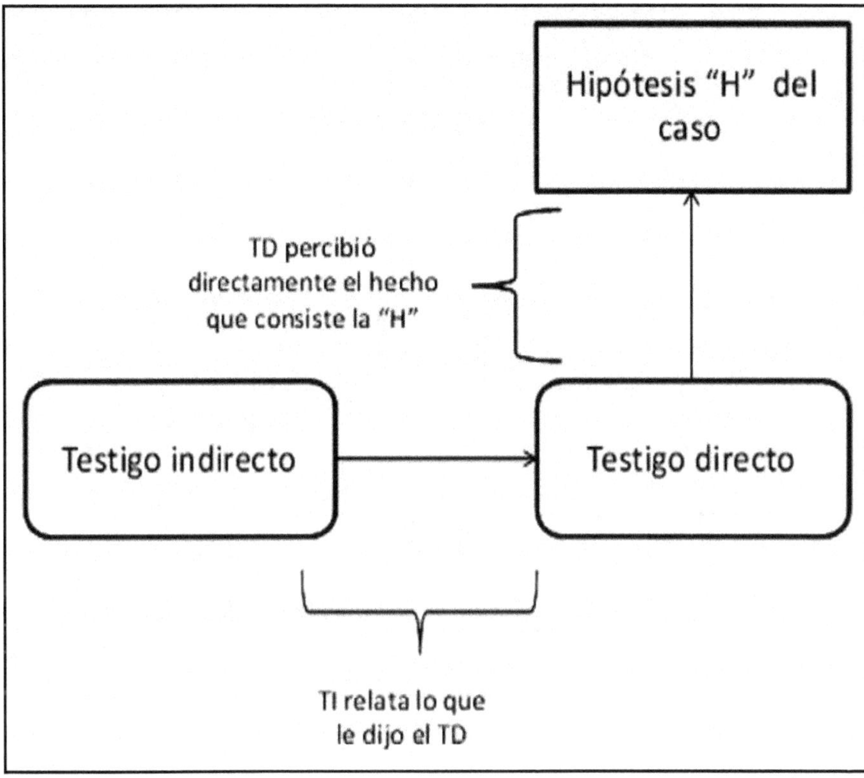

TD: Testigo directo TI: testigo indirecto

En síntesis, en este caso se tienen tres declaraciones testificales que señalarían lo siguiente: «»X» **les dijo que él había ordenado la muerte de** «Y»»; además, se tendría un audio que, al parecer, era ininteligible donde el señor Cerquín repetiría lo mismo que han dicho los testigos. A continuación se analizará el razonamiento de la Sala.

2. Análisis del caso

En el Gráfico N° 4 se muestra cuáles son los dos aspectos que debieron ser objeto de análisis a efectos de determinar si existían elementos suficientes para tener por cierta la hipótesis del presente caso.

Gráfico N° 4

Análisis de la estructura argumentativa de la Hipótesis del caso

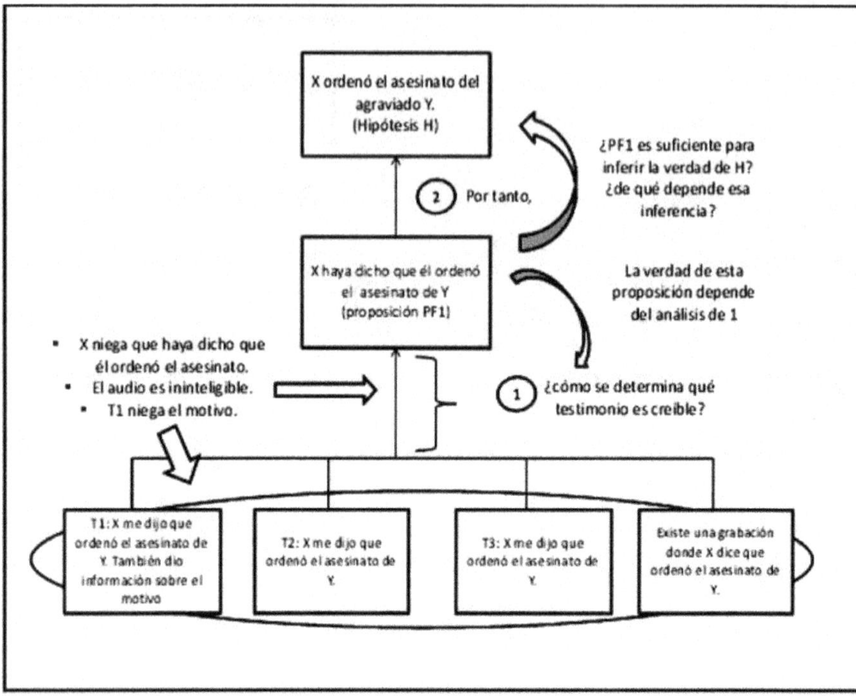

H: hipótesis PF: proposición fáctica T: testigo

Tal como se puede observar del gráfico, los dos puntos clave a determinar eran los siguientes:

(i) si los testimonios eran creíbles para tener por cierto que «X» dijo que él ordenó el asesinato de «Y»» y, en caso se llegara a la conclusión de que este hecho fuera cierto,

(ii) si el que «X» haya dicho que ordenó matar a «Y» es suficiente para creer que él efectivamente ordenó ese asesinato.

2.1. Análisis de los testimonios

De acuerdo a la Sala, la contradicción entre «X» y los tres testigos no permitía tener como probada la afirmación respecto de si «X» ordenó o no el asesinato de «Y». Agregaron que el audio era ininteligible y, por tanto, no se podía tener por cierto su contenido.

Al respecto, la Sala no realizó análisis alguno de por qué el solo hecho de que exista una contradicción entre el testimonio del acusado y los testigos les impide saber quién dice la verdad o quién miente. En rigor, lo que se debió haber ordenado es un análisis sobre los requisitos de competencia y credibilidad de todos los testigos, incluido el acusado, a efectos de determinar si lo que ellos decían era o no cierto. Para tal efecto, se pudo realizar lo siguiente:

(i) Interrogar a cada testigo independientemente; luego de lo cual se podría cruzar la información, a efectos de saber qué tan coincidente es la información proporcionada en sus detalles.

(ii) Interrogar con gran detalle a cada testigo, a efectos de saber si la información proporcionada es fabricada o producto de un genuino recuerdo.

(iii) También se pueden preparar preguntas sobre diversos aspectos, pero que estén concatenados. Sin embargo, una estrategia es que no sean realizadas una tras otra, sino dejando un espacio a efectos de determinar si el testimonio es genuino o fabricado.

Lo anterior buscaría detectar si el testigo está mintiendo. Si el testimonio es genuino, lo más probable es que el testigo repita su testimonio; sin embargo, si es fabricado deberá estar sumamente concentrado para mantener una misma versión durante el interrogatorio. Para que esto funcione se debe procurar obtener la mayor cantidad de información del testigo.

(iv) Tratar de obtener la mayor cantidad de datos externos de los testigos que permita, luego, iniciar una búsqueda de información que permita corroborar cada una de sus afirmaciones. De esa manera, se podrá evaluar qué tan confiable es su testimonio en referencia a datos externos a dicho testimonio.

Asimismo, se debe tratar de reconstruir el evento declarado con la declaración del testigo y ver qué tan completo y coherente es el testimonio en sí mismo.

En el presente caso, no hay información suficiente para realizar ese análisis, motivo por el cual no se puede afirmar si los tres testimonios son o no confiables. Ante esa situación, nuestra repuesta hubiera sido que se declare nula la resolución y que se vuelva a interrogar a los testigos bajo los criterios antes mencionados. Ciertamente, esta respuesta tiene que ser vista a la luz de un proceso en un plazo razonable.

2.2. Análisis respecto de qué se puede inferir sobre el testimonio de «X»

Ahora bien, asumamos que los tres testimonios si habrían sido confiables; ¿es suficiente el hecho de que una persona diga que hizo algo para tener por cierta esa declaración? En el caso concreto, ¿es suficiente que «X» dijese que ordenó el asesinato de «Y» para tener por cierto que, efectivamente, él ordenó ese asesinato? En el Gráfico N° 4 se muestra cuál es la estructura de razonamiento sobre este punto.

Gráfico N° 4
Análisis del testigo directo e indirecto

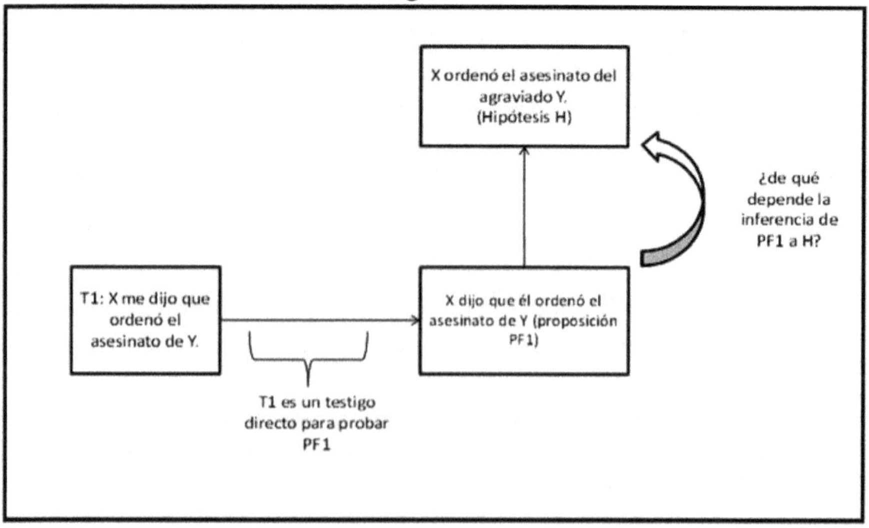

Para efectos del presente caso, existen dos posibilidades sobre la declaración de «X» frente a las otras personas: (i) que él haya dicho la verdad; o, (ii) que les haya mentido a los testigos. Lo que no sabemos es cuál de estas posibilidades es la correcta. Si solo se tuviera ese dato, se debería tener ambas opciones como posibles.

Como nuestro ordenamiento jurídico exige que la acusación se encuentre probada más allá de toda duda razonable, entonces se debe proceder a descartar la posibilidad (ii), esto es, que «X» haya mentido y solo quede como única opción posible la hipótesis de la Fiscalía. Este es un estándar de decisión impuesto por el Derecho y, por tanto, la Fiscalía debió generar evidencia de su hipótesis y descartar la hipótesis contraria. En ese sentido, habría sido importante que la Fiscalía encuentre evidencia sobre lo siguiente:

(i) **Motivo:** «X» tenía algún motivo o razón para ordenar el asesinato de «Y». Las personas realizamos un acto por alguna razón. Se entiende que todo acto debe tener alguna explicación.

(ii) **Medios:** «X» debía tener los recursos para ordenar el asesinato de «Y». En este caso, ordenar el asesinato demandaría recursos y, por tanto, «X» los debería tener.

(iii) **Ubicar al autor en el acto del asesinato:** si «X» ordenó el asesinato, se deben ubicar actos donde se demuestre que tuvo contacto con la persona que habría realizado el asesinato.

Como puede apreciarse, con solo los tres testimonios y la grabación ofrecida por la acusación fiscal no se puede descartar que el acusado (el señor Portal) haya dicho que él ordenó el asesinato del señor Cerquín para atribuirse algo que él no hizo. Si el señor Portal luego se desdice, la información obrante no es suficiente para descartar que él no se atribuyó un delito que no cometió.

Conclusiones del presente caso

Una primera conclusión consiste en mostrar que el solo hecho de que dos o más testigos se contradigan entre sí no significa que no se pueda creer en ningún testimonio, sino que es necesario realizar un análisis sobre la competencia y credibilidad de cada testigo. Asimismo, se debe evaluar la coherencia interna de la declaración y se debe corroborar los dichos de los testigos con evidencia externa.

Para ello, resulta necesario contar con criterios y una metodología que nos permita preparar un cuestionario de preguntas que nos permita producir evidencia sobre el caso, ordenarla, sistematizarla y, luego, armar el rompecabezas del caso. Este trabajo nos permitirá reconstruir los eventos a partir de la evidencia existente en el caso y, en caso ésta no fuera suficiente, generar más evidencia.

Asimismo, qué se puede inferir de un determinado hecho dependerá del conjunto de posibilidades que pueden rodear el análisis de un determinado hecho. Si existen varias explicaciones posibles de un determinado hecho, la autoridad debe proceder a idear una serie de mecanismos que le permitan saber cuál es la explicación correcta.

Finalmente, como puede apreciarse del análisis de ambos casos, la investigación y probanza de una determinada hipótesis es una tarea laboriosa, compleja y que exige mucha creatividad, lo cual requerirá contar con una metodología, instrumentos y criterios que nos permita analizar y evaluar la evidencia de un caso. Si al sistema de justicia le interesa la verdad y la justicia, entonces es necesario desarrollar pautas que nos permitan contar con lo antes señalado. En caso contrario, será muy difícil que tengamos un sistema de administración de justicia, realmente, justo.

La metodología empleada nos permitió saber cuál es el esquema de razonamiento a seguir en el presente caso para identificar sus puntos fuertes y débiles y evaluar cuál es la hipótesis que mejor explica los hechos probados del caso. Esas son las ventajas de una metodología.

También nos permite identificar sus límites. En este caso, estos se encuentran en que una metodología para analizar y evaluar la evidencia de un caso no nos dice cómo generar y descartar evidencia e hipótesis. Para ello, es necesaria una metodología para la investigación de un caso. Ambas se encuentran estrechamente vinculadas, pero conceptualmente son independientes. Una metodología sobre cómo investigar sobrepasaría los límites de este trabajo, aunque si se recomendaría que se profundice sobre ese aspecto.

Conclusiones generales

1) La configuración de un instituto jurídico responde a la concepción que se tenga en un momento determinado del poder y de las relaciones sociales, y al papel que se le asignará al Derecho en ese contexto para resolver los conflictos sociales. En ese sentido, la respuesta que se ha dado a las siguientes preguntas: (i) si era necesario motivar la decisión; (ii) a quién se tiene que dar cuenta de la decisión; y, (iii) qué tipo de razones se deben ofrecer para justificar una decisión, no se pueden entender fuera del contexto en el cual se configuró una determinada institución.

2) De acuerdo al artículo 138 de la Constitución Política del Perú, los jueces ejercen la potestad de juzgar en nombre del pueblo; por lo tanto, ellos deben dar cuenta de ese ejercicio a quienes le delegaron esa potestad, esto es, a la sociedad. La potestad de juzgar debe realizarse dentro del marco establecido en la Constitución y las leyes, razón por la cual el Juez no es libre de invocar cualquier razón para sustentar su decisión, sino solo aquellas que estén dentro dela práctica jurídica del país. La motivación es el instrumento mediante el cual el Juez dará cuenta de que está ejerciendo su potestad dentro de los cánones establecidos por la práctica jurídica. Esta se convierte en un instrumento clave para fiscalizar la actuación de los jueces.

3) Para que el deber de motivación de las resoluciones judiciales cumpla tanto su función extraprocesal como endoprocesal es necesario que la motivación tenga una estructura argumentativa reconocible y existan criterios que permitan evaluar tanto la lógica

interna de la decisión como la corrección y verdad de sus premisas. En otras palabras, que sea reconocible cuál es la metodología que ha seguido el Juez para justificar su decisión.

4) En la sección 1.3. se muestra que las normas procesales, jurisprudencia y acuerdos plenarios no han desarrollado una metodología que establezca cómo se debe justificar la cuestión fáctica de una decisión. Esta tarea se deja a la intuición y preparación propia de cada juez, lo cual se ha mostrado en la sección 2.2 es una tarea sumamente compleja que requiere un gran esfuerzo cognitivo y competencias que los jueces no necesariamente poseen.

5) En el punto 2.4. del capítulo 2 se ha propuesto una metodología de análisis y evaluación de los hechos que le facilite a los jueces la justificación de la cuestión fáctica de un caso. Esta metodología -al ser fácilmente reconocible su estructura argumentativa- permitirá que las partes y los ciudadanos puedan evaluar si la conclusión se deriva de las premisas (justificación interna) y qué tan sólidas son esas premisas (justificación externa).

6) En el capítulo 3 se ha mostrado la aplicación de la metodología a dos casos, a efectos de mostrar su aplicabilidad y utilidad. En la introducción del presente trabajo, se señaló que la utilidad de una teoría prescriptiva que verse sobre algún aspecto del mundo o de las prácticas humanas (en este caso, la labor justificativa de la decisión) debe ser evaluada en función a las prácticas que desea orientar, como es el objetivo del presente trabajo. Por ese motivo, se quiso mostrar cómo nuestra propuesta se aplicaba a dos casos y ver si realmente servía para el fin propuesto, a saber, los siguientes:

(i) ofrecer una propuesta metodológica que sirva para saber qué pasos son necesarios para resolver la cuestión fáctica;

(ii) mostrar cuáles son las preguntas a tener presente en cada etapa del análisis;

(iii) mostrar una estructura argumentativa fácilmente reconocible que facilite su controlabilidad tanto por el propio juez como por las partes y los ciudadanos.

7) Si la argumentación de la decisión de la autoridad no permita identificar cuál es la estructura argumentativa que se siguió para dar por probada una determinada hipótesis o explicita los criterios que tuvo en cuenta en cada etapa del análisis, la decisión debería ser declarada nula por cuanto no permite saber cómo la autoridad llegó a tal resultado. Un primer elemento para controlar la racionalidad y objetividad de la decisión es saber cómo razonó la autoridad. Sin ello no es posible control alguno.

Ciertamente, luego se podrá evaluar qué elementos y criterios tuvo en cuenta en cada etapa del análisis. Con relación a la cuestión fáctica, los criterios propuestos si permiten realizar un control sobre la objetividad y racionalidad de la decisión.

Incluso, permite saber qué tan probada se encuentran las hipótesis en competencia en un caso y, a partir de ello, establecer qué decisión será tomada por la autoridad en caso de duda e incertidumbre sobre la capacidad explicativa de una hipótesis sobre los hechos probados del caso.

8) Desde nuestro punto de vista, creemos que si se ha logrado ofrecer una metodología que llena un vacío en nuestro sistema jurídico. Esta propuesta tendrá que ser contrastada con una diversidad de casos para mostrar su funcionalidad y, sobre todo, para irse perfeccionando. Incluso, puede abandonarse esta propuesta en caso se encuentra una mejor propuesta; sin embargo, si la idea central de nuestro trabajo respecto de que una metodología de análisis y evaluación es aceptada, entonces este trabajo habrá sido importante.

9) Una reflexión final es que la corrección de la cuestión fáctica no depende solo de un esquema de razonamiento que permita analizar y evaluar la evidencia e hipótesis de un caso, sino también de un esquema de razonamiento que nos permita saber cómo generar y descartar evidencia e hipótesis. Ambos esquemas son necesarios si es que queremos llegar a saber qué ocurrió en un caso.

Bibliografía

ACCATINO SCAGLIOTTI, Daniela, «La Fundamentación de las sentencias: ¿un rasgo distintivo de la judicatura moderna?». Consultado el 22 de diciembre de 2013en: http://www.scielo.cl/scielo.php?pid=S0718-09502003000200001&script=sci_arttext#r1

ALLAN, T.S.R., «Procedural Fairness and the Duty of Respect». Review of «Due Process and Fair Procedures. A study of Administrative Procedures» de D.J. GALLIGAN, *Oxford Journal of Legal Studies*, vol. 18, N° 3 (Autum, 1998), pp. 497-515.

ANDERSON, Perry, *El Estado absolutista*, 15ª ed., Siglo Veintiuno, México, 1998.

ANDERSON, Terence / SCHUM, David / TWINING, William, *Analysis of evidence*, 2ª ed., Cambridge University Press, New York, 2005.

ATIENZA, Manuel, *El Derecho como argumentación*, Ariel, Barcelona, 2007.

ATIENZA, Manuel, *Las razones del Derecho. Teorías de la argumentación jurídica*, Palestra, Lima, 2004.

ÁVILA, Humberto, «¿Qué es el debido proceso legal?», *en Revista Peruana de Derecho Procesal*, Año XVII, Librería Communitas, Lima, 2013, pp. 113-124.

BAYON, Juan Carlos, «Epistemología, Moral y prueba de los hechos: hacia un enfoque no benthamiano», *Revista Jurídica Mario Alario D'Filippo*, vol. 2, núm. 4, pp. 6-30.

Bentham, Jeremy, «An introductory View of the Rationale of Judicial Evidence», Works VI (5) (1843) (John Bowring ed.; 2002) consultado en http://files.libertyfund.org/files/1923/Bentham_0872-06_EBk_v6.0.pdf el 25 de agosto de 2013.

Binder, David A. / Bergman, Paul, *Fact Investigation. From Hypothesis to Proof*, West Publishing Company, St. Paul, 1984.

Bullard, Alfredo / Higa, César, «Verdades y falacias sobre el control difuso de las normas por las autoridades administrativas a la luz de los nuevos pronunciamientos del Tribunal Constitucional», en Carpio Marcos / Grández Castro, Pedro (eds.), *Cuadernos de análisis y crítica a la jurisprudencia constitucional*, N° 1, Palestra, Lima, 2007.

Bullard, Alfredo / Ezcurra, Huáscar, «Qué gane el mejor. ¿Cómo ganar un litigio arbitral?, en *De iure, Revista para litigantes*, Linares Abogados, N° 1, setiembre de 2007, pp. 93-114.

Bustamante Alarcón, Reynaldo, *Derechos fundamentales y proceso justo*, Lima, ARA Editores, 2001.

Castillo Alva, José Luis, *Proscripción de la arbitrariedad y motivación*, Grijley, Lima, 2013.

Chiassoni, Pierluigi, *El análisis económico del Derecho*, Palestra, Lima, 2013.

Cohen, Mathilde, «The Rule of Law as the Rule of Reasons», pp. 12 y ss. Del archivo en pdf. El artículo se puede consultar en el siguiente enlace: http://papers.ssrn.com/sol3/papers.cfm?abstract_id=1518006.

Colomer Hernández, Ignacio, *La motivación de las sentencias: sus exigencias constitucionales y legales*, Tirant lo Blanch, Valencia, 2003.

Comanducci, Paolo, *Razonamiento jurídico. Elementos para un modelo*, Distribuciones Fontamara, México, D.F., 1999.

Dworkin, Ronald, *Justice in Robes*, Belknap Press of Harvard University Press, Cambridge, Massachusetts, 2006.

Duff, R.A., «Legal Obligations and the Moral Nature of Law», *Juridical Review 25*, (1980), 61.

DUFF, R. A., *Trials and Punishments*, Cambridge University Press, Cambridge, 1986.

ECO, Umberto, *Cómo se hace una tesis*, 9ª reimp., Gedisa, Barcelona, 2010.

FERRAJOLI, Luigi, *Democracia y garantismo*, Trotta, Madrid, 2008.

FERRAJOLI, Luigi, *Principia Iuris*, 3 vols., Trotta, Madrid, 2011.

FIORAVANTI, Maurizio, *Los derechos fundamentales. Apunte de historia de las Constituciones*, 3ª ed., Trotta, Madrid, 2000.

FISS, Owen, «Free speech and social structure», 71 *Iowa Law Review* [1986], p. 1416.

FISS, Owen, «Foreword: the forms of justice», 93 *Harvard Law Review 1* (1979).

FREEMAN, James B., *Acceptable Premises. An Epistemic Approach to an Informal Logic Problem*, Cambridge University Press, Cambridge, 2005.

FURNO, Carlo, *La prueba legal*, Leyer, Bogotá, 2007.

KRAMNICK, Isaac / WATKINS, Frederick, *La era de la ideología. El pensamiento político desde 1750 hasta nuestros días*, Editorial Universitaria de Buenos Aires, Buenos Aires, 1981.

GARCÍA BELAUNDE, Domingo, «La interpretación Constitucional como problema», en *Anuario Constitucional Latinoamericano 1996*, Konrad Adenauer / CIEDLA, Bogotá, pp. 47-83.

GARCÍA DE ENTERRÍA, Eduardo, *La Constitución como norma y el Tribunal Constitucional*, Civitas, Madrid, 1985.

GARCÍA DE ENTERRÍA, Eduardo, *La lengua de los derechos. La formación del Derecho Público europeo tras la Revolución Francesa*, Real Academia Española. Discurso leído el día 24 de octubre de 1994, en el acto de su recepción como académico de número, Madrid, pp. 24 y 25.

GARCÍA DE ENTERRÍA, Eduardo, «La Administración Pública y la Ley», en *Themis*, Revista publicada por alumnos de Derecho de la Pontificia Universidad Católica del Perú, Nº 40, 2000, p. 230.

GARCÍA FIGUEROA, Alfonso, «La motivación: conceptos fundamentales», en GASCÓN ABELLÁN, Marina / GARCÍA FIGUEROA, Alfonso, *La Argumentación en el Derecho*, Palestra, Lima, 2005.

Gascón, Marina, *Los hechos en el Derecho. Bases argumentales de la prueba.* Marcial Pons, Madrid, 1999.

Gascón Abellán, Marina / García Figueroa, Alfonso J., *La argumentación en el Derecho*, 2ª ed. corregida, Palestra, Lima, 2005.

Govier, Trudy, *A practical study of argument*, 6ª ed., Thomson / Wadsworth, 2005.

Grández Castro, Pedro, *Tribunal constitucional y argumentación jurídica*, Palestra, Lima, 2010.

Grández Castro, Pedro, «El derecho a la motivación de las sentencias y el control constitucional de la actividad judicial», en *El debido proceso. Estudios sobre derechos y garantías procesales*, Gaceta Jurídica, Lima, 2010.

Haack, Susan, *Defending Science within reason. Between scientism and Cynicism*, Prometheus Books, 2003.

Hastie, Reid / Penrod, Steven / Pennington, Nancy, *Inside the Jury*, Harvard University Press, Cambridge, Mass., 1983.

Hesse, Konrad, «La interpretación constitucional», en *Escritos de Derecho Constitucional*, Centro de Estudios Constitucionales, Madrid, 1992, pp. 35-54.

Heuer, Richards, *Psychology of Intelligence Analysis*, Center for the Study of Intelligence, 1999.

Heuer, Richards J. / Pherson, Randolph H., *Structured Analytic Techniques for Intelligence Analysis*, CQ Press, 2011.

Higa, César, «Hacia un análisis lógico-epistémico de la prueba testimonial. Una propuesta para superar los criterios subjetivos y de conciencia de los medios probatorios», en *Revista Peruana de Derecho Procesal*, N° 13, 2009, pp. 53-71.

Igartua Salaverría, Juan, *El razonamiento en las resoluciones judiciales*, Palestra, Lima, 2009.

Kahneman, Daniel, *Thinking, fast and slow*, Farrar, Straus and Giroux, New York, 2011.

Kahneman, Daniel *et al.*, *Judgment under uncertainty: heuristic and biases*, Cambridge University Press, 1982.

LAUDAN, Larry, Prólogo al libro de FERRER, Jordi, *La valoración racional de la prueba*, Marcial Pons, Madrid, 2007.

LEESON, Peter T., «Ordeals», *Journal of Law and Economics*, vol. 55 (August 2012), pp. 691-714.

MERRYMAN, John Henry, *La tradición jurídica romano-canónica*, Fondo de Cultura Económica, México, 1980.

NÚÑEZ VAQUERO, Alvaro, «Ciencia Jurídica: un mapa conceptual», en *Modelando la ciencia jurídica*, Palestra, Lima, 2014, pp. 13-51.

PALMER, Andrew, *Proof and the preparation of trials*, Thomson legal & Regulatory limited, 2003.

PARDO, Michael, «The Field of Evidence and the Field of Knowledge», *Law and Philosophy* 24 (2005), pp. 321-392.

PENNINGTON, Nancy / HASTIE, Reid, «The story model for juror decision making», en HASTIE, Reid (ed.), *Inside the juror: The psychology of juror decision making*, Cambridge University Press, Cambridge, 1993.

PENNINGTON, Nancy / HASTIE, Reid, «A Cognitive Theory of Juror Decision Making: The Story Model. (Decision and Inference in Litigation)», *Cardozo Law Review*, 1991, 13(2-3), pp. 519-57.

PÉREZ LLEDÓ, Juan Antonio, *El movimiento* critical legal studies, Tecnos, Madrid, 1996.

PINTO, Robert C., «Evaluating Inferences: the Nature and Role of Warrants», *Informal Logic*, vol. 26, Nº 3 (2006), pp. 287-317.

POPPER, Karl, «El realismo», en POPPER, *Escritos selectos*, Fondo de Cultura Económica, México, 1970.

PRIORI, Giovanni, «La efectiva tutela jurisdiccional de las situaciones jurídicas materiales: hacia una necesaria reivindicación de los fines del proceso», en *Derecho Procesal Civil*, Jurista Editores / Ius et Veritas, 2009.

PUTNAM, H., *Mathematics, Matter and Method*, Cambridge University Press, Cambridge, 1975. Citado por CHAKRAVARTTY, Anjan, «Scientific Realism», *The Stanford Encyclopedia of Philosophy*, 2013.

QUIROGA LEON, Aníbal, «Control «difuso» y Control «concentrado» en el Derecho Procesal Constitucional peruano», en *Derecho Nº 50*, Facultad de Derecho de la PUCP, pp. 207-233.

Sagüés, Néstor Pedro, «La interpretación Constitucional, instrumento y límite del juez constitucional», en *Anuario de Derecho Constitucional Latinoamericano 1996*, Konrad Adenauer / CIEDLA, Bogotá, pp. 25-45.

Schum, David, *The Evidential Foundations of Probabilistic Reasoning*, John Willey & Sons, 1994.

Schum, David, *The Evidential Foundations of Probabilistic Reasoning*, 1ª ed., Northwestern University Press (February 14, 2001).

Sperber, Dan / Wilson, Deirdre, *Relevance. Communication and Cognition*, 2ª ed., Wiley-Blackwell, Oxford UK y Cambridge, 1996.

Taruffo, M., «L' obbligo di motivazione della sentenza civile tra diritto comune e iluminismo», en *Rivista di Diritto Processuale*, vol. XXIX (II serie), 1974.

Taruffo, Michele, *La motivación de la sentencia civil*, trad. Lorenzo Córdova Vianello, Tribunal Electoral del Poder Judicial de la Federación, México, 2006.

Taruffo, Michele, *Consideraciones sobre prueba y motivación*, Fundación Coloquio Jurídico Europeo, Madrid, 2009.

Taruffo, Michele, *Simplemente la verdad*, Marcial Pons, Madrid, 2010.

Tecuci, G. / Boicu, M. / Schum, D. / Marcu, D., «Coping with the Complexity of Intelligence Analysis: Cognitive Assistants for Evidence-Based Reasoning», *Research Report 7*, Learning Agents Center, August 2009, updated October 2009, March 2010, 45 pp.

Thaler, Richard H. / Sunstein, Cass R., *Nudge: improving decisions about health, wealth, and happiness*, Penguin Books, New York, 2009.

Toulmin, Stephen, *Los usos de la argumentación*, Península, Barcelona, 2007.

Toulmin, Stephen / Janik, Allan / Jonsen, Albert R., *Introduction to reasoning*, Macmillan Publishing Company, 1984.

Walton, Douglas, *Legal Argumentation and Evidence*, The Pennsylvania State University, 2002.

Walton, Douglas, *Relevance in argumentation*, Lawrence Erlbaum Associates, Publishers, Mahwah, New Jersey / London, 2004.

WALTON, Douglas / REED, C., «Evaluating corroborative evidence», *Argumentation*, 22, 2008.

WALTON, Douglas, *Witness Testimony Evidence. Argumentation, Artificial Intelligence, and Law*, Cambridge University Press, Cambridge, 2008, pp. 194 y ss.

WRÓBLEWSKI, Jerzy, *Sentido y hecho en el Derecho*, Distribuciones Fontamara, México, 2001.

WRÓBLEWSKI, Jerzy, *Constitución y teoría general de la interpretación jurídica*, Civitas, Madrid, 1985.

ZAGREBELSKY, Gustavo, *El derecho dúctil. Ley, derechos, justicia*, Trotta, Madrid, 2011.

ZIMMERMAN, Michael J., «Intrinsic vs. Extrinsic Value», en *The Stanford Encyclopedia of Philosophy*. Consulta: el 10 de enero de 2015: http://plato.stanford.edu/entries/value-intrinsic-extrinsic/

ZIMMERMAN, Michael J., *op. cit.* Consulta: el 10 de enero de 2015: http://plato.stanford.edu/entries/value-intrinsic-extrinsic/

Motivación, prueba y decisión judicial de César Higa Silva,
se imprimió en la República Argentina en octubre de 2022.

www.ingramcontent.com/pod-product-compliance
Lightning Source LLC
LaVergne TN
LVHW082239051026
849532LV00012B/4045
9789564072654